KB268491

북한-종말의 시작

영적 진실의 충격

북한-종말의 시작

영적 진실의 충격

북한-종말의 시작
영적 진실의 충격

오오카와 류우호오 지음

박　재　영 옮김

가림출판사

©Ryuho Okawa 2012

Korean Translation©Happy Science 2012

Original Japanese language edition published 'Kitach sen Owari no Hajimari'

by IRH Press Co., Ltd. in 2012.

All Rights Reserved.

No part of this book may be reproduced in any form without the written

permission of the publisher.

책머리에

2011년 12월, 북한 최고지도자 김정일의 서거와 삼남 김정은의 정권승계가 한해의 마지막을 충격으로 장식했다.

1989년 베를린 장벽이 붕괴한 지 23년이 되는 2012년, 한반도의 국경선인 38선이 무너지며 남북으로 생이별한 사람들의 재회와 기쁨의 눈물로 판문점은 역사의 저편으로 흘러갈 것이다.

문득 20년 전인 1991년 여름, 유럽에서 귀국하던 도중 제트여객기로 상공을 날던 바로 그 순간, 바로 밑 지상에서 소련연방이 붕괴되기 시작한 것이 생각난다. 역사는 어느 날 갑자기 새롭게 써진다.

남북으로 갈라진 민족의 비극을 끝내야 한다. 일찍이 한반도는 일본이 뒤죽박죽 뒤흔들어 놓은 책임을 지고 임무를 완수해야 한다. 이 세상의 지옥을 이제는 끝내자.

2011년 12월 27일
행복실현당 창립자 겸 당 명예총재
오오카와 류우호오

Contents | 차례

05 2012년은 마지막 해가 될 것인가

06 북한의 종말이 시작되었다

'영언(靈言)현상' 이란 저 세상에 있는 영 존재의 말을 대신해서 말하는 현상이다. 이는 고도의 깨달음을 얻은 자에게 특별히 나타나는 것으로, '영매현상(靈媒現象 : 트랜스 상태-정상적인 의식이 아닌 상태. 최면 상태나 히스테리 상태에서 나타나는데, 외부 세계와 접촉을 끊고 깊은 명상 상태에 들어가 특수한 희열에 잠기는 것을 이른다-가 되어 의식을 잃고 영이 일방적으로 말하는 현상)' 과는 다르다. 외국인의 영(靈)이 영언할 때는 영언현상을 행하는 자의 언어중추에서 필요한 말을 골라내어 일본어로 말할 수 있다. 인간의 혼은 여섯 명의 그룹으로 되어 있으며, 저 세상에 남아 있는 '혼의 형제' 중 한 명이 이 세상에서 수행하는 본인의 수호령을 맡고 있다. 즉 수호령이 실은 자기 자신의 혼의 일부인 셈이다. 따라서 수호령의 영언이란 말하자면 본인의 잠재의식에 접근하는 것이며, 그 내용은 그 사람의 잠재의식에서 생각하는 것(본심)이라고 할 수 있다.

| 질 | 문 | 자 |

츠이키 **슈가쿠** (행복실현당 당수)

사토무라 **에이이치** (행복의 과학 홍보국장)

※ 수록 시점의 지위임

김정일(1941~2011)

조선민주주의인민공화국(북한)의 정치가, 군인. 북한을 건국한 김일성의 장남으로 태어나 부친이 사망한 후 조선노동당 중앙위원회 총서기와 국방위원회 위원장 등에 취임하며 최고지도자가 되었다. 2011년 12월 17일 사망. 2009년에 김정일의 수호령(영혼의 형제) 영언이 수록되었는데(《김정일 수호령의 영언》(행복의 과학 출판 간행) 참조), 이번에는 사망한 지 얼마 지나지 않은 김정일 본인의 영이 초령(招靈 : 영을 불러들이는 것)되었다.

사망한 지 얼마 지나지 않은 김정일에게 묻다

김정일 영의 영언(靈言)

2011년 12월 20일 영시(靈示)

01

김정일 사망의 진상과
북한의 향후 동태를 살피다

수호령에 대한 인터뷰를 시도하다

오오카와 류우호오

갑작스러운 일이었습니다만 해가 바뀌기 전에 '북한의 지도자인 김정일이 12월 17일 열차로 이동하던 도중 심근경색과 심장쇼크 합병으로 인해 사망했다' 는 소식을 이틀 후인 2011년 12월 19일 월요일 정오에 북한 조선중앙TV가 보도했습니다. 이 때문에 지금 전 세계가 발칵 뒤집힌 상황입니다. 그가 병을 앓고 있는 듯 보였기 때문에 '2년 이내에는 죽을 것' 이라는 예측이 있기는 했지만, 이 일로 한반도의 정세가 어떻게 될 것이며 삼남인 김정은이 후계자 역할을 감당할 수 있을지의 여부에 관해 세상의 관심이 쏠리고 있습니다.

그러나 북한에는 서방의 미디어가 취재하러 들어갈 수 없고, 이번에 외국 조문객은 사절하는 므양입니다(수록 당시. 그 후 한국에서 파견된 민간조문단 등을 받아들였다). '나라 안을 정찰당하는 것이 싫다' 는 이유겠지만, 완전히 정보가 차단된 상태

여서 어림짐작으로 이말 저말이 나오는 형편입니다.

그래서 오늘은 김정일의 영과 후계자 김정은의 수호령의 영언을 통해 김정일 사망의 진상과 북한의 향후 동태 등을 조사해 보고자 합니다.

나는 그다지 좋아서 하는 것은 아니지만 다소나마 세상에 도움이 되기를 바랄 뿐입니다.

김정일은 12월 17일에 사망했다고 되어 있습니다. 사실 여부는 알 수 없지만 그날 방송에서 발표된 질환으로 인해 이동 중에 사망했다고 하면, 오늘은 12월 20일이므로 아직 사망한 지 사흘째입니다. 따라서 일반적으로 말하면 그의 영은 가야 할 세계에 아직 도착하지 않았을 가능성이 높습니다.

사망한 지 얼마 지나지 않았을 무렵에는 지옥으로 곤두박질치는 경우를 제외하면 사망한 장소 부근에서 어슬렁거리고 있을 경우가 많습니다.

---

* 인간의 혼은 6명의 그룹으로 되어 있으며, 저 세상에 남아 있는 '혼의 형제' 중 한 명이 수호령을 맡고 있다. 사실 수호령은 자기 혼의 일부다. 따라서 수호령의 영언 이란 이른바 본인의 잠재의식에 접근한 것이며, 그 내용은 그 사람이 잠재의식에서 생각하는 것(본심)으로 보면 된다.

김정일에게 '자신은 죽었다' 는 자각이 있는지는 모르겠으나 아직 패닉상태일지도 모릅니다. 그런 상태에 있는 그에게서 이야기를 잘 들을 수 있을지는 장담할 수 없습니다. 질문하는 사람의 실력 나름이겠지만, 김정일은 마음이 혼란해져서 만족스러운 대답을 하지 못할 수도 있고, 자신은 죽지 않았다고 우길지도 모릅니다.

또 그의 사망에 관해서는 정말로 병으로 죽었는지 아니면 독살이라도 당했는지 진실은 알 수 없습니다. 암살당했을 가능성도 없다고는 할 수 없습니다. 그의 부친인 김일성과 동일한 방법으로 사망했으므로 약간 수상한 점이 없는 것도 아닙니다.

김정일의 삼남인 김정은은 아직 죽지 않았기 때문에 그 자신을 부르는 것이 아니라 그의 수호령을 부를 것입니다. 이 사람은 스위스에서 유학한 모양인지라 영어와 독일어를 할 수 있는 것 같고, 일본어도 공부하그 있다고 합니다. 일본어 가정교사가 있을지도 모르겠지만 그의 수호령과는 일본어로 의사소통이 가능할 것 같습니다.

질문자 여러분은 히틀러라도 상대하려는 심산으로 이미 준

비태세를 갖춘 상황인 것 같아서(웃음), 이번 영언수록 취지를 다시 말씀드리겠습니다.

김정일의 사망은 안 된 일이지만 북한 정세와 한반도 정세가 앞으로 어떻게 움직일지를 예측하려면 역시 어느 정도의 정보를 갖춰야 합니다.

그런데 북한에 대해 서방의 매스컴 취재는 전혀 불가능하며 유일한 루트는 이곳(행복의 과학)밖에 없습니다. 행복의 과학에서는 영언이라는 형태를 통해서 본인과 그 수호령에게 직접 인터뷰를 할 수 있기 때문입니다. 그리고 그 사람의 사고방식 근거를 이해하면 그 사람이 앞으로 어떻게 움직일지를 추정할 수 있습니다.

이러한 수단으로 인해 '2012년에 한반도를 둘러싸고 무슨 일이 일어날지 혹은 일어나지 않을지' 에 대해 어느 정도의 예측을 해보려고 합니다.

초령하다

오오카와 류우호오

그럼 먼저 부친(김정일)부터 해볼까요. 예상하기에 어떤 상태일 것 같습니까?

사회

아직 자신이 죽은 것을 깨닫지 못하고 있는 게 아닐까요?

오오카와 류우호오

깨닫지 못하고 있다?

사회

네.

오오카와 류우호오

하지만 국민은 대성통곡하며 슬퍼하고 있어요.

사회

다만 이전에 그의 수호령을 불러서 영언을 수록했을 때(《김정일 수호령의 영언》 참조), 수호령은 '내가 김정일이다'라고 했으니까……

오오카와 류우호오

아, 그랬나요?

사회

'사후 세계는 없다'고 생각할 것 같습니다.

오오카와 류우호오

어쩌면 국민들의 과장된 울음은 그에게 죽은 것을 자각시키려고 하는 행동일 가능성도 있겠군요.

사회

그는 아직 살아 있다고 생각할지도 모릅니다.

오오카와 류우호오

그렇게 생각할지도 모른다는 기분이 듭니까?

사회

아니면 뭔가로 괴로워하는 상태일지도 모르겠네요.

오오카와 류우호오

으음. 그의 영을 내 몸에 넣는 건 불쾌한데요. 만약 이상하
게 죽었다면 그것이 내 몸에도 나타나기 때문에 목을 붙잡고
신음하며 바닥을 굴러다니기라도 하는 건 질색입니다.

사회

총재님이 고통스러운 경험을 하실 우려는 있습니다.

그래서 별로 하고 싶지는 않지만 제자 영능력자의 실력이 다소 떨어지므로 이 정도의 거물은 내가 해야 할 것 같습니다.

그럼 시작할까요?

(질문자들에게) 분발하세요. 부디 명료한 언어로 질문해 주세요. 일본어로 즉시변환이 가능한 수준이 아닐까 추정되므로 아마 일본어가 통할 것 같습니다. 김정일이 어렸을 때는 한반도가 아직 일본의 지배하에 있던 시대니까 일본어가 통하지 않을까 싶네요.

시작해 볼까요? 미녀 등을 부르는 쪽을 나는 좋아하지만요 (웃음).

그럼 북한의 '위대' 한 지도자이셨던 김정일 총서기의 영을 초령하겠습니다.

(눈을 감고 가슴 앞에서 양손을 교차시킨다)

북한의 지도자 김정일의 영이여.

당신은 '사흘 전에 사망했다' 고 현재 보도되고 있습니다. 서방의 모든 미디어가 정보를 알고 싶어 하지만 당신의 나라에서 정보를 차단시키는 바람에 실태를 파악하기가 어렵습니다.

우리는 세계 평화를 지향하며 세상의 새로운 질서를 만들기 위해 밤낮으로 노력하므로, 공연히 당신을 적대시하지 않습니다. 가능하면 '북한의 여러분을 위해 뭔가 할 수 있는 일이 없을까' 하는 관점에서 당신과 당신의 후계자에 대해서도 조사하고 앞으로의 일을 일본에서도 함께 생각해 보고자 합니다.

김정일의 영, 흘러든다. 김정일의 영, 흘러든다. 김정일의 영, 흘러든다.

김정일의 영, 흘러든다. 김정일의 영, 흘러든다. 김정일의 영, 흘러든다.

사흘 전에 사망한 북한의 지도자 김정일의 영, 흘러든다.

김정일의 영, 흘러든다. 김정일의 영, 흘러든다.

김정일의 영, 흘러든다. 김정일의 영, 흘러든다. 김정일의 영, 흘러들어온다……

(약 10초간 침묵)

으음. 약간 어렵군요. 견인을 해야겠어요.

(오른손을 꽉 쥐고 머리위로 들어올린다)

견인! 일본까지 와라! 에잇! 와라!

(약 20초간 침묵)

02

김정일의
사망 전후 상태

괴로워하다

김정일 영 : (괴로운 듯이) 커허허허헉! 쿨럭! 쿨럭! 으음. 하아,
　　　　　 하아, 하아.

츠 이 키 : 안녕하세요. 들리십니까. 김정일 총서기이십니
　　　　　 까?

김정일 영 : 으음(복부에 손을 댄다). 하아, 하아, 하아. 하아, 하
　　　　　 아, 하아, 하아, 하다, 하아.

츠 이 키 : 이야기하실 수 있겠습니까?

김정일 영 : 하아, 하아, 하아. 뜨거워. 뜨거워.

츠 이 키 : 뜨겁습니까?

김정일 영 : 뜨거워, 뜨거워, 뜨거워. 뜨거워, 뜨거워, 뜨거워.

츠 이 키 : 지금 어떤 상황입니까?

김정일 영 : 뜨거워. 불타는 것 같다.

츠 이 키 : 지금 몸이 타고 있습니까?

김정일 영 : 뜨거워. 뜨겁다고. 불타는 것 같아. 뜨거워.

사 토 무 라 : 주위가 뜨겁습니까?

김정일 영 : 뭐라고?

사 토 무 라 : 몸 내부가 뜨겁습니까, 아니면 주위가 뜨겁습니
까?

김정일 영 : 무슨 말을 하는 거야! 무슨 말을 하는 거냐고! 아
아.

사 회 : 어제 조선중앙TV에서 당신이 사망하셨다고 보도
되었는데요, 보셨습니까?

김정일 영 : 뭐?

사 회 : 사망하셨다고 합니다.

김정일 영 : 뭐야, 그게?

사 회 : 저기, 조선중앙TV에서 예의 아나운서가……

김정일 영 : 예의라니 뭐야. 앙?

츠 이 키 : 여성 아나운서 말입니다.

사 회 : 여성 아나운서가 '김정일 총서기 서거'를 보도해
서 북한에서는 온 국민이 울고 있었는데, 보셨습
니까? 국민이 통곡했습니다.

김정일 영 : 왜지?

사　　　회 : 왜라니요, 당신이 사망하셨기 때문입니다.

김정일 영 : 뜨겁군. 뜨거워.

사　　　회 : 아직 살아계십니까?

김정일 영 : 뜨겁다고.

사　　　회 : 살아 있나요? 뜨거울 뿐입니까?

김정일 영 : 뜨거워. 고열인가?

사　　　회 : 언제부터 뜨거워지셨습니까?

김정일 영 : 아아? 뜨겁다고, 돔이.

사　　　회 : 어제쯤부터입니까? 아니면 그저께?

김정일 영 : 아아? 뜨거워.

열차는 타지 않았다

츠 이 키 : 발표에 따르면 '12월 17일 오전 8시 반에 열차 안
　　　　　 에서 심근경색을 일으켜 사망하셨다' 고 하는데

요, 지금 그런 기억이 있으십니까?

김정일 영 : 아아? 아아?

츠 이 키 : 열차를 탄 기억은 없으십니까?

김정일 영 : …… 열차?

츠 이 키 : 네. '현지 지도를 위해 이동 중 병에 걸리셨다' 고
합니다만.

김정일 영 : 그건 거짓말이겠지.

츠 이 키 : 거짓말입니까?

김정일 영 : 그도 그럴 것이 컨디션이 안 좋은데 어째서 열차
를 탈 수 있겠나.

츠 이 키 : 아아.

사   회 : 언제부터 병으로 누워 계셨습니까?

김정일 영 : 으음. 얼마 전부터 컨디션이 좋지 않아서 말이지.

사   회 : 한 달 전쯤?

김정일 영 : 아아, 얼마 안 됐어. 병원에 있어.

사   회 : 병원? 언제부터 몸이 뜨거워졌습니까?

김정일 영 : 언제부터라니, 그건, 자네 말이지, 왠지 갑자기
뜨거워졌어.

사   회 : 주사를 맞거나 하셨습니까?

김정일 영 : 어? 발열인가.

사   회 : 발열?

김정일 영 : 이거야 원, 하지만 아닌 것 같은 기분도 드는군.

사   회 : 어떤 약을 드신 후입니까?

김정일 영 : 뭔가 불타고 있어.

사   회 : 불타고 있다?

김정일 영 : 으음. 불타는 느낌이 드니까 병원에 불이 났나.
         열차 같은 건 타지 않았어.

사   회 : 북한에서는 돌아가신 분을 화장합니까?

김정일 영 : 무슨 말을 하는 거야! 아직……

사   회 : 아니요, 일반론적으로 말입니다. 일반론적으로
         사망하면 화장하나요?

김정일 영 : 뭐 그건 사람에 따라 다르겠지. 위대한 사람에게
         는 간단히 그런 짓은 하지 않아.

사   회 : 아버님(김일성)은 화장하지 않으셨습니까?

김정일 영 : 위대한 분은 제대로 '밀랍 세공' 을 해서 남겨두
         는 경우도 있으니까.

사　　　회 : 그럼 김일성은……

김정일 영 : 자네, 기분 나쁜 말만 골라서 하는군. 이제 곧 정월이지?

사　　　회 : 네. 2009년 여름에 저는 당신(수호령)과 이야기를 나눴습니다. 기억하십니까?

김정일 영 : 아아? 내게 이야기를 할 수 있는 사람이 있을 리가 없어.

사　　　회 : 아니요, 당신은 이야기를 하셨습니다.

김정일 영 : 그런 건 몰라.

사　　　회 : 그렇습니까?

김정일 영 : 이야기를 했었나.

사　　　회 : 어쨌든 지금은 한창 불에 타고 있는 중이군요.

김정일 영 : 으음. 뭔가 말이야, 타고 있어. 병원에 불이 난걸까.

사　　　회 : 몸을 보십시오. 지금 몸은 어떤 느낌입니까?

김정일 영 : 그래서 몸이 뜨겁군.

사　　　회 : 뭔가가 불타고 있지 않습니까?

김정일 영 : 뜨거워.

사 　 회 : 불은? 몸에 불이 붙었습니까?

김정일 영 : 몸에 불이 붙을 리는 없잖아. 당신 그런 바보 같
은 말을 하는 게 아냐. 뜨겁다고.

츠 이 키 : 주위에 불길이 보이거나 합니까?

김정일 영 : 불길? 불길 말이지…… 열대는 아니야. 그런데 왠
지 뜨거워. 이글이글 타는 것처럼 뜨거워.

사 　 회 : 하지만 위대한 분은 화장하는 경우는 없으니까
당신은 불태워지는 건 아니지요?

김정일 영 : 그래. 무슨 말을 하는 거야. 아직 병원에 있어.

♣ 언어 중추에 장애가 발생하여
최근에는 말을 잘 할 수 없었다

사토무라 : 주위에 사람이 있습니까?

김정일 영 : 그건 뭐, 모두가 지켜보고 있어.

사토무라 : 사람이 있습니까?

김정일 영 : 그야 있지.

사토무라 : 그 사람들은 매우 심각한 눈으로 장군님(김정일)

을 보고 있지 않습니까?

김정일 영 : 심각하다는 무슨 뜻인가.

사토무라 : 장군님을 원망하는 눈빛으로 보고 있다던가.

김정일 영 : 원망해? 그런 일이 있을 리가 없잖아.

사토무라 : 아니, 어떤 상태입니까?

사 회 : 김정은 씨는 왔습니까?

김정일 영 : 뭐?

사 회 : 후계자 김정은 씨 말입니다.

김정일 영 : ……

사 회 : 최근에 오지 않으셨습니까?

김정일 영 : 저기 말이야, 최근에 말을 좀 할 수 없어서……

아! 왜 지금 말을 할 수 있지? 말을 못했는데.

사 회 : 김정은 씨(수호령)는 당신에 대해 '이미 치매가 시

작되었다'고 했습니다(《원자바오 수호령이 말하는 대

중화제국의 야망》: 행복실현당 간행 제2장 '북한의 미래

를 예상한다 - 김정은 수호령의 영언' 참조).

김정일 영 : 그래 맞아. 언어 중추가 망가졌는데 왠지 지금은
말할 수 있어. 이상하군.

츠 이 키 : 그럼 이미 육체적으로 상당히 쇠약해져서 입원하
셨던 거군요.

김정일 영 : 으음. 그래. 왜 지금은 말할 수 있지?

사토무라 : 지금 여기에 있으면 컨디션이 좋을 테니 자꾸 말
을 하시는 게 좋을 겁니다.

김정일 영 : 왠지 젊어진 기분이 드는군. 왜일까.

사　　　회 : 조선중앙TV의 발표로는 '심근경색을 일으키고
쓰러져 열차 안에서 사망했다' 고 되어 있습니다.

김정일 영 : 그게 모양새가 좋으니까 그런가.

사　　　회 : 그건 아버님과 동일한 사망 형태이기에 그렇게
사망했다고 한 것이 아닐까 추측합니다만.

김정일 영 : 으음. 병원에서 죽는 건 폼이 안 나니까.

사　　　회 : 그런데 그런 상태로 열차를 탈 정도로 힘든 일은
대개 안 하지 않습니까?

김정일 영 : 아니, '최후의 최후까지 인민을 위해 활동했다'
는 것이 중요하겠지.

사 　　회 : 네.

인정하려고 하지 않는 김정일의 영

김정일 영 : 그런데 자네, 내가 꼭 죽은 것처럼 말하지 말게
　　　　　나.

사 　　회 : 아니오, 당신은 실제로 돌아가셨습니다.

김정일 영 : 뭐, 그건 미확인 정보구만.

츠 이 키 : (쓴웃음)

사 　　회 : (2011년 12월 20일자 〈산케이신문〉의 1면을 들어올리며)
　　　　　이것은 일본 신문인데요, 한자를 읽을 수 있습니
　　　　　까?

김정일 영 : 그럭저럭 읽을 수 있을 것 같은데?

사 　　회 : (큰 표제어를 보이며) '서거' 라는 글자를 읽을 수 있
　　　　　습니까?

김정일 영 : 아아. 왜 글자가 왼쪽에서 오른쪽으로 쓰여 있나?

오른쪽에서 왼쪽으로 써야지.

사　　회 : 이것이 현재 일본의 서식입니다.

김정일 영 : 뭐? 오른쪽에서 왼쪽으로 써야 해. 그게 정석이라

고. 게다가 최근에 서체가 좀 바뀐 것 같은데?

사　　회 : (평양 시내에서 엎드려 우는 시민들의 사진을 보이며) 이

것은 사람이 죽었을 때 통곡하는 모습이죠?

김정일 영 : 오오. 그렇군.

사　　회 : 예. 그리고 이것은……

김정일 영 : (생전의 김정일이 김정은과 나란히 서 있는 사진을 가리

키며) 확실히 살아 있잖아. 틀림없이 살아 있어.

사　　회 : 아니, 그렇지 않습니다.

사토무라 : 이것은 생전의 사진입니다.

김정일 영 : 아들과 사이좋게 살아 있지 않은가.

사　　회 : 김정일 총서기 서거, 정은 씨가 계승(큰 표제어를

읽는다).

김정일 영 : 그거 〈산케이신문〉 나부렁이지? 거짓말, 거짓말

이야(장내 웃음).

츠 이 키 : 〈아사히신문〉도 똑같이 보도하고 있어요.

김정일 영 : 거기는 대체로 신문을 거짓말로 도배하잖아.

사   회 : 〈산케이신문〉뿐만 아니라 일본의 신문은 전부 당
         신의 사망을 보도하고 있습니다.

김정일 영 : 〈산케이신문〉을 가져 왔다는 건 자네가 나를 속
         이려는 증거야(장내 웃음).

사토무라 : 장군님이 말씀하신 〈조일신문(朝日新聞)〉에도(《김
         정일 수호령의 영언》 중에서. 김정일 수호령은 〈아사히신
         문〉을 〈조일신문〉으로 불렀다) ‘서거’라고 쓰여 있습
         니다.

사   회 : 맞아요. 조일에도 쓰여 있어요.

김정일 영 : 응? 조일도 그렇게 썼어?

사토무라 : 네. 〈조일신문〉도.

사   회 : 저는 〈산케이신문〉을 좋아해서 우연히 읽은 것뿐
         입니다.

김정일 영 : 그 신문사는 거짓말쟁이니까 주의해야 해.

사   회 : 하지만 당신의 죽음은 객관적인 사실입니다.

김정일 영 : (생전의 자기 사진을 가리키며) 살아 있고 건강하잖

아.

사 토 무 라 : 아니, 이건 건강했을 때의 사진입니다.

김정일 영 : (질문자인 사토무라를 가리키며) 자네와 빼다 박았군
(장내 웃음). 안 그런가?

사 토 무 라 : (쓴웃음) 아뇨, 아뇨.

츠 이 키 : (시민들의 사진을 보이며) 이렇게 시민들이 울고 있
습니다.

사 　 회 : 왜 울고 있죠?

사 토 무 라 : 〈아사히신문〉도 봐 주십시오.

김정일 영 : 어? 그건 극단 사람들이 연극하고 있는 거겠지.

사 　 회 : 아뇨, 정말로 돌아가셨습니다.

김정일 영 : 아니, 그건 말이야, 제갈공명의 병법처럼 죽었다
고 가장했는데 죽지 않고 안 죽었다고 가장하고
죽는 거야. 이게 병법이지.

사 토 무 라 : 제갈공명의 병법은 후자입니다(장내 웃음).

김정일 영 : 그러니까 나는 안 죽었지만 죽은 것처럼 보이면
다른 나라들이 어떻게 움직일지 정세를 분석하고
있는 거야. 그리고 무슨 생각을 하고 무슨 짓을

할지 살핀 후에 다시 모습을 나타내고 '너희들
나쁜 생각을 했겠다. 용서치 않겠어. 미사일을 처
박아 주마. 쾅! 뭐 이런 거지.

사토무라 : 호오.

김정일의
사망 전후 상태

03

앞으로의 북한을
어떻게 보는가

지금의 북한에는 마이너스

사   회 : 그럼 화제를 바꾸겠습니다. 당신은 살아 있다고
인식하시지만, 만약 당신이 죽었다면 지금의 북
한에게……

김정일 영 : '돌아가셨다' 고 말하게.

사   회 : 실례했습니다.

김정일 영 : 죽었다고 하는 건 말이야, 자네들같이 평범한 사
람한테나 쓰는 말이야.

사   회 : 실례했습니다. 그럼 총서기가 세상을 뜨셨다고
가정하고……

김정일 영 : 음. 뭐 언젠가는 그렇게 되겠지.

사   회 : 예. 만약 세상을 뜨셨다고 가정하고, 그 타이밍이
지금이라면 북한에는 플러스일까요 마이너스일
까요?

김정일 영 : 그건 마이너스가 당연하지 않나.

사　　　회 : 어째서죠?

김정일 영 : 위대한 지도자가 없어지면 곤란하잖아.

사　　　회 : 삼남인 정은 씨가 있지 않습니까.

츠 이 키 : 김정은 후계체제는 어떻게 생각하십니까? 이제
　　　　　　는 제법 충분히……

김정일 영 : 아니, 걔는 아직 교육을 덜 받아서 안 돼.

사　　　회 : 아아. 그래서 아직 죽을 수 없다는 건가요?

김정일 영 : 남조선의 초계함을 침몰시킨 것과 일전에 섬을
　　　　　　포격한 것과……

츠 이 키 : 연평도 말이군요.

김정일 영 : 실적이 고작 이 정도니 좀 부족하지. 좀 더 실적
　　　　　　을 올리게 해야지, 이것만으로는 아직 좀 부족해.
　　　　　　카리스마를 갖추려면 신화를 만들어야……

사토무라 : 어떤 실적이 필요할까요?

김정일 영 : 역시 기획팀이 확실하게 신화를 만들어 내야 해.
　　　　　　아직은 신화를 충분히 만들지 못했으니까 너무
　　　　　　이른 게 아니겠어?

사　　　회 : 내년(2012년)은 '김일성 탄생 1백 주년' 인데요, 기

획팀은 이 때 뭘 할지 생각했습니까?

김정일 영 : 으음. 아마도 뭔가 대담한 일을 그 아이 중심으로 시키려고 계획했던 것 같아.

사   회 : 그 점에 관해서 당신에게는 이야기를 하지 않았다는 말인가요?

김정일 영 : 어? 그건 군사기밀이니까 말할 수 없겠지.

사   회 : 당신도 모르는 군사기밀이 있습니까?

김정일 영 : 으음. 아니, 모르는 건 아닌데……

사   회 : 당신에게 말해도 통하지 않습니까?

김정일 영 : 뭐, 치매 증상을 브이니까. 이제 슬슬 지들끼리 하려고 하지만.

사   회 : 단지 지금 당신이 세상을 뜨면 곤란하다는 건……

김정일 영 : 그건 곤란하지. 맘 같아서는 앞으로 10년쯤 더 살고 싶어.

사   회 : 재작년에 제가 ‘앞으로 1년 정도면 죽지 않겠냐’고 했더니 당신(수호령)은 ‘아니, 1백 살까지 살 거야’ 라고 하셨습니다.

김정일 영 : 음. 당연히 그래야지.

♣ 중국에서 받는 물자 원조는
한미 위협의 보답

사   회 : 당신은 작년과 올해 중국에 네 번 정도 가셨지요.

김정일 영 : 건강하다는 증거 아니겠어? 네 번이나 갔다고. 대

　　　　　단하지?

사   회 : 무슨 일 때문에 가셨습니까?

김정일 영 : 그건 국가 대 국가의 대등한 교섭 때문이었지.

츠 이 키 : 어떤 교섭인가요?

사   회 : 다 합해서 여덟 번 정도밖에 가지 않으셨는데 최

　　　　　근 1년 반 동안 네 번이나 가셨어요.

김정일 영 : 건강해진 거야.

사   회 : 아니, 그렇지만 병원에 입원할 정도인데요.

김정일 영 : 그건 건강해졌다는 증거야.

사   회 : 중국에서 무슨 말씀을 나누셨습니까?

김정일 영 : 아아? 무슨 말을 나눴냐고? 후계자 문제에 관한
         이야기는 당연히 했고……

사토무라 : 정은 씨에 관해서 말이군요.

김정일 영 : 동맹관계가 지속되도록 이야기했어. 그거랑 지금
         중국이 외국의 압력으로 굴자 원조에 인색해서
         말이야. '북조선에 물자를 너무 내주면 안 된다'
         는 소리를 하도 많이 해대서, 그걸 속이면서 원조
         를 받아야 하니까 그 부분의 비밀 교섭이 있었지.

사   회 : 그에 대한 보답은 무엇입니까?

김정일 영 : 보답은 중유와 식료품이야. 당연히 총탄도.

사   회 : 아니 그럼 중유와 식료품을 받는 보답으로 무슨
         약속을 하셨습니까?

김정일 영 : 남조선과 미군에 대한 위협을 보답으로……

사   회 : 위협이요?

김정일 영 : 응. 그러니까 제대로 보급을 해주면 우리는 전초
         기지로서 남조선군과 미군에 대항하여 최전선에
         서 싸울 각오가 있다는 뜻이지.

제3국을 경유하여 들어오고 있다

사　　회 : 하지만 한국을 능가하는 군사력이 북한에 있습니까?

김정일 영 : 백만에 가까운 대 군대가 있으니까 중유와 식료품, 탄약만 충분하면 남조선 따위는 단번에 뭉개버릴 수 있어.

츠 이 키 : 그런데 북한의 무기가 상당히 노후화되었다는 소리도 들립니다.

김정일 영 : 노후화라니, 그런 무례한 소리는 하지 말게. 써보지 않으면 모르지 않나. 전쟁이라는 건 일단 해봐야 아는 거니까. 정신력이라는 게 있으니까 말이야, 정신력으로 포탄을 한발 맞히면 돼지. 최신무기라 해도 포탄이 빗나가면 효과는 없다고.

사　　회 : 헌데 중국이 성능 좋은 무기를 보유하고 있으니까 북한의 무기를 사용해서 한국을 공격하지 않아도 되지 않습니까?

김정일 영 : 아니 안 돼, 수면 아래서는 중국으로부터 원조를
받고 있지만 직접 무기가 이동하면 곤란하다고.
각국 조사반이 잔뜩 감시하는 탓에 무기 무역은
정식으로 성립되기가 힘들어. 그래서 동남아시
아 같은 제3국을 경유해서 여기저기서 수입해야
하지.

사　　회 : 중국의 무기가 제3국을 경유해서 들어오고 있습
니까?

김정일 영 : 그래 맞아. 제3국을 경유해서 북조선으로 들어오
게 되어 있어.

사　　회 : 그 무기들을 얼마나 갖출 전망으로 서로 동의했
습니까?

김정일 영 : 아니, 자세한 실무자협의는 내가 한 게 아니야.

사　　회 : 하지 않았다고요?

김정일 영 : 그래. 내가 한 게 아니지만 중국에는 대국적으로
응원을 계속해 달라고 해뒀지. '6자회담에서 압
력을 가하겠다' 고 하는데 '그런 건 마음대로 하

게 내버려둬. 그러는 동안에 확실하게 방위체제
를 구축할 테니' 라는 뜻이야.

축포를 쏘고 싶다

사　　회 : 내년(2012년)에 한국에서는 대통령 선거가 있는데
요, 한국의 대통령이 바뀌는 것에 대해서 타이밍
으로 봤을 때 어떻게 생각하십니까?

김정일 영 : 뭐, 남조선은 약해졌잖아? 경제도 안 좋고, 인기
도 떨어졌고, 중국과 사이도 안 좋고, 일본에도
싸움을 걸고 있지? 그래서 사방이 꽉 막힌 상태라
고. 곧 망할 거야, 남조선은.

사　　회 : 하지만 당신들도 한국에 대해 뭔가 하려고 하죠?

김정일 영 : 아니, 남조선은 우리의 군사적 위협 아래 이미 바
짝 움츠러들었어.

사토무라 : 그럼 장군님이 보시기에 지금이 한국에 대해 뭔
가 할 절호의 기회인가요?

김정일 영 : 남조선은 약해졌으니까. 그래서 어떻게든 일본을
위협해서 일본으로부터 돈을 좀 갈취해서 군자금
으로 쓰고 싶은 거겠지.

사토무라 : 한국이 말이죠?

김정일 영 : 그래, 남조선이. 그렇게 하지 않으면 우리나라(북
한)와 싸울 만한 힘이 없으니까.

사토무라 : 북한은 한국에 대해 어떤 행동을 할 것인가요?

김정일 영 : 우리나라가 남조선에 대해? 기회를 엿보고 있는
데 내년이 딱 좋은 전환점이라고 한다면 대통령
이 바뀔 때쯤에 우리도 축포를 쏴야겠지.

사   회 : 축포요? 하지만 당신이 돌아가신 17일과 사망 소
식이 TV에서 발표된 19일에 축포(미사일 발사를 말
함)를 쐈지요.

김정일 영 : 기분 나쁜 소리를 되풀이하는군.

사   회 : 17일과 19일에 축포를 왜 쐈습니까?

김정일 영 : 이봐, 그건 그런 의미의 축포가 아니야.

사　　　회 : 그건 무엇입니까?

김정일 영 : 그건 말이지, 자네 말이야……

사　　　회 : 어떻게 추측하십니까? 정은 씨는 왜 축포를 쏜 것
입니까?

김정일 영 : 그건 '허허실실' 이라고 하지. 뭐 병법은 허로 보
이고 실, 실로 보이고 허……

사　　　회 : 그렇습니까?

앞으로의 북한을
어떻게 보는가

04

저 세상과
영의 존재를 믿는가

영의 존재를 믿는가

사　　회 : 그런데 당신은 저 서상이 있는 것을 아십니까?

김정일 영 : 유교는 저 세상에 더해 가르치지 않아.

사　　회 : 유교가 어떻든 간에 당신은 어떻게 느끼십니까?

김정일 영 : 있을지도 모르겠지만, 뭐 눈에 보이지 않는 건 모르지.

사　　회 : 그럼 지금 세상을 뜨셨다 치고, 그렇게 의식이 있다는 것은……

김정일 영 : 자네와 이야기할 수 있으니까…… 결국 일본에도 왔나? 일본에 온 건가?

사　　회 : 그 몸으로 일본에 오신 건 이상하지 않습니까?

김정일 영 : 이거야 원, 그러니까 그건 좀……

사　　회 : 이야기를 할 수 있게 된 것도 이상하지 않으십니까?

김정일 영 : 뭐, 혼수상태일 때 옮기면 두 시간이면 올 수 있

지.

사 　회 : 영은 믿으십니까?

김정일 영 : 뭐 그런 것도 있겠지.

사 　회 : 그럼 부디 그것을 믿어 주시기 바랍니다. 이제부
터는 저 세상의 영인(靈人)들로부터 여러 가지로
지도를 받을 것이므로 반성 수행과 같은 수행에
힘써 주십시오.

김정일 영 : 자네들은 별난 집단이군.

저 세상과
영의 존재를 믿는가

05

후계자 김정은을 어떻게 보는가

♣ 아들이
군부를 장악하고 있는지 알 수 없다

츠 이 키 : 정은 씨는 현재 단계에서 확실히 군부를 장악하
고 있습니까? 아버지의 눈으로 보면 어떻습니까?

김정일 영 : 으음. 그건 자네, 모르겠어.

츠 이 키 : 모르십니까?

김정일 영 : 그건 앞으로…… 알 수 없지.

츠 이 키 : 불만분자 같은 게 나와서 분열된다던가.

김정일 영 : 적어도 내 건강상태가 좀 안 좋은 건 얼마 전부터
이미 알고 있었으니까 준비는 했었지.

사   회 : 작년에 저는 정은 씨 수호령과 이야기를 했는데
요, 그의 수호령은 정은 씨에 관해 '민중, 군부,
정치 세력 중 어느 하나에게 살해당할 가능성이
있다' 고 했습니다.

김정일 영 : 아니, 녀석은 기가 세서 당하기 전에 죽일 거야.

사   회 : 죽인다고요?

김정일 영 : 그래.

사　　회 : 그의 수호령은 '살해당하지 않으려면 근위부대
에게 충성을 맹세시키고, 근위부대를 강화할 필
요가 있다' 는 말도 했습니다. 그런데 살해당할 가
능성으로 이 세 가지가 있다고 하는데요, 이 중에
서 어느 것이 지금 가장 위험하다고 여기십니까?

김정일 영 : 으음. 뭐 군부에서 쿠데타가 일어나는 게 가장 무
섭겠지.

사　　회 : 군부가 무섭다? 그럴 경우 중심인물은 구체적으
로 누구입니까?

김정일 영 : 으음. 그야, 그 아이가 제외시키려고 하는 사람일
거야.

사　　회 : 제외시키려고 하는 사람이요?

김정일 영 : 그래. 파벌은 있을 테니까. 그래서 나라면 섬겼겠
지만 그 아이는 섬기지 못하는 놈이겠지.

사　　회 : 가장 성가신 존재는 누구입니까?

김정일 영 : 으음. 뒤에서 무슨 말을 하는지 알 수 없으니까.
장남을 추방했는데 그 녀석이 서방에서 뇌물이라

도 받았는지 쫄래쫄래 돌아다니고 있어서 말이
야. 그래서 그 녀석을 앞잡이 삼아 혁명을 일으키
려는 놈이 나올 가능성이 있어. 그게 무섭군.

사　　회 : 무섭습니까?

사토무라 : 구체적으로 국방위원회 브위원장인 장성택 씨를
말하는 겁니까?

김정일 영 : 으음.

사토무라 : 김경희 씨(김정일의 여동생이자 장성택의 부인)?

김정일 영 : 셋째는 기가 세서 말이지. 철저히 맞설 테니까 그
런 걸 보면 겁내거나 도망가거나 하지 않을 거야.
그러니까……

사　　회 : 대립관계에 들어간다?

김정일 영 : 음. 절대로 용서치 않을 테니까 철저히 궁지로 몰
아넣겠지.

민주화 운동이 일어날 가능성이 있다

사　　회 : 이 분들과 대립할 경우에 무슨 일이 일어날까요?

김정일 영 : 으음. 군 내부에 민주화 같은 게 일어나면 좀 곤란해.

사　　회 : 민주화 말이군요.

김정일 영 : 맞아. 그러니까 군 내부에서 민주화가 일어나 인민과 결탁하면…… 지금 좀 난처한 건 말이야, 아프리카나 중동에서 여러 가지로 데모나 혁명 등이 일어나고 있는데……

사토무라 : 네.

김정일 영 : 그런 게 옮는 것이 좀 불쾌해.

츠 이 키 : 북한 내부에서 그런 움직임이 있습니까?

김정일 영 : 북조선에도 약간의 전자기기가 들어오니까 비공식적으로는 온갖 정보가 흘러 들어와서 지금 혁명 따위가 유행하는 걸 사람들이 모를 리가 없지.

이럴 때를 노려서 외국에서 다양한 전파가 들어

오거든. 사람들이 스스로 안테나를 세워서 그 전

파로 정보를 얻기도 하니까 그런 지하활동이 불

을 뿜을지도 모르겠군.

사　　　회 : 정은 씨의 기가 세다면 그런 사람들을 발견했을

때 꽤 철저하게 숙청하겠군요.

김정일 영 : 기본적으로는 탄압할 테지만, 지하활동이 복수로

늘어나 탄압하기 힘들어졌을 때가 문제지.

경계할 필요가 있다

사　　　회 : 지금 중동 등지에서는 민주화 운동을 탄압하고

민중을 공격해서 민중이 죽기라도 하면 쿠데타

등이 일어나고 있습니다. 정은 씨가 이런 탄압이

나 공격을 할 수도 있지 않을까요?

김정일 영 : 으음. 그것도 있겠지만, 오바마가…… 그놈들, 비
겁한 수단을 잔뜩 갖고 있잖아.

사   회 : 예를 들면요?

김정일 영 : 무인기를 날려서 공격하거나 한밤중에 비밀 공수
부대를 보내거나 하는데, 이런 건 암살자 집단이
고 마치 닌자같아.

사토무라 : 2년 전에 장군님의 수호령은 오바마 대통령을
'굼뜨다' 고 만만히 보셨지요.

김정일 영 : 으음. 그 자식, 닌자를 이용해서 암살한다는 나쁜
짓을 생각해 냈으니 말이야.

사토무라 : 올해 오사마 빈 라덴도 해치웠고 카다피 살해에
도 관여했다고 합니다.

김정일 영 : 그러게 말이야. 자신감이 좀 붙은 것 같은데. 새
벽 3신가 4신가, 동틀 무렵인가, 상대가 자고 있
을 때 옥상으로 내려와 숨어들면 20명 정도만 있
어도 제법 죽일 수 있을 테니까.

사   회 : 당신의 수호령은 '거처를 밝히지 않고 자신의 분
신을 만들어놨다' 고 하셨잖습니까?

김정일 영 : 경험이 있어야 그렇게 할 수 있지.

사   회 : 정은 씨는 그렇게 하지 않았다는 말인가요?

김정일 영 : 그래. 그래서 앞으로 경계해야 하는데, 아직 어려
　　　　　서 미처 머리가 거기까지 안 돌아갈 수도 있어.

사   회 : 기가 세서 반대로……

김정일 영 : 어려서 말이야. 그래서 지상으로 공격해 오는 것
　　　　　만 생각할 가능성이 있어.

사   회 : 알겠습니다.

김정일 영 : 밤중에 하늘에서 급습을 당하기라도 하는 건 생
　　　　　각지도 않을 거고, 미국에는 그런 닌자 부대와 무
　　　　　인비행기를 보낼 놈들, 또 밤중에 스커드 미사일
　　　　　같은 것을 건물로 쏘아댈 놈이 있는데, 그 아이는
　　　　　아직 진심으로는 믿지 못하는 것 같아. 미국이 그
　　　　　런 짓을 할 거라고 생각하지 않는 거겠지.

명중시키는 실험은 미완성이다

사 　 회 : 정은 씨(수호령)는 '핵이 있으면 이미 그걸로 이길
　　　　　수 있다. 국제 여론도 변한다' 고 하는데요.

김정일 영 : 지도자가 쏘라고 지령을 내리면 핵무기는 날겠
　　　　　지, 아마도. 그러니까 그 지령자를 먼저 매장시키
　　　　　면 핵무기를 쏘지 못하게 될 거야.

사 　 회 : 그런데 그는 '핵을 가진 것에 의미가 있다. 핵무
　　　　　기를 보유하면 국제 여론은 넙죽 엎드린다' 고 했
　　　　　습니다.

김정일 영 : 자네들과는 의견이 다른데 우리는 '우리가 마음
　　　　　만 먹으면 일본 따위는 30분 안에 항복시킬 수 있
　　　　　다' 고 생각하지. 일본은 지금 우리의 자비로 살아
　　　　　남은 국가라고. 원래 망해도 되는 나라이고, 제2차
　　　　　세계대전이 끝난 단계에서 일본은 망했어야 해. 조
　　　　　선의 식민지가 되어야 할 나라였는데 자비로 살려

준 거야.

사토무라 : '살려 주었다' 고 말씀하시는 것에 비해서는 북한
의 상황과 일본의 상황이 꽤 다르네요.

김정일 영 : 그것도 미국의 음모야. 돈벌이도 안 되는데 남선
(한국), 남조선에 온조물자를 잔뜩 보내서 거기도
우리보다 풍족해진 거라고.

사　　회 : 정은 씨가 기가 세지는 것은 '이미 상당수의 핵탄
두를 보유했다' 는 뜻입니까?

김정일 영 : 으음. 근데 현장실험이 미완성이라서.

사　　회 : 실험은 아직 미완성이다?

김정일 영 : 미사일 실험은 꽤 했는데, 핵탄두를 실은 미사일
을 명중시키는 실험은 아직 못했으니까. 그래서
실전에서 사용해서 진짜 폭발하는지 보지 않으
면……

사　　회 : 알 수 없겠군요. 핵탄두는 이제 20기 정도 있습니
까?

김정일 영 : 그 정도는 있지. 그 정도는 있어.

사　　회 : 20기 이상 있나요? 20기쯤?

김정일 영 : 그러니까 말이야, 히로시마, 나가사키에 쏜 것 같
은 건 간단해. 그건 제법 크지만 그런 걸 상공에
서 항공기로 떨어뜨리는 정도는 간단하지.

사　　회 : 그건 가능한가요?

김정일 영 : 그건 간단한데 핵탄두를 미사일 머리에 실으려면
소형화에 성공해야 하지. 소형화에 성공하고 그
게 잘 날아서 목표에 명중해서 폭발해야 하니까
말이야, 명중해도 폭발하지 않으면 그걸로 끝이
라고.

사　　회 : 아직 소형화시키지는 못했습니까?

김정일 영 : 상당히 소형화시키기는 했는데 실험을 해야 해.
핵무기 실험은 어렵다고. 다른 나라는 지하에서
하는 실험뿐만 아니라 시뮬레이션(모의실험)을 하
는 모양인데, 우리는 그런 걸로는 알 수 없어서
말이지.

사　　회 : 후계자가 강경하니까 어딘가에 쏘지 않을까요?

김정일 영 : 실제로 쏴보지 않으면 모르지. 어디에 쏠까? 그러
니까 앞으로 만약 도발해 오는 나라가 있으면 그

곳에 쏴댈지도 모르겠군.

사   회 : 정은 씨는 그런 성격입니까?

김정일 영 : 그런 성격이지. 아직은 나처럼 경험이 많지 않으
니까……

사   회 : 미사일을 쏘고 난 후에 일어날 일은 생각하지 않
나요?

김정일 영 : 글쎄, '우리에게 넙죽 엎드릴 것이다' 라고 생각
하겠지.

사   회 : 그렇게 생각하는 군요.

김정일 영 : 맞아. 그래서 '일본은 30분 만에 항복시킬 수 있
다' 고 생각하는 거야.

♣ 미국이 한국전쟁에서
핵무기를 사용했다면?

사   회 : 한국에 관해서는 어떻습니까?

김정일 영 : 남조선을 불바다로 만들 수 있는 건 알고 있겠지
만, 그걸 구실 삼아 미군이 나서면 장기적으로는
우리나라가 이길 수 없어. 세계대전 전의 일본군
처럼 우리가 '진주만을 기억하자' 는 식으로 '기
습공격을 했다' 고 비난당하며 제 7함대 전군을
내세운 미국의 공격을 받으면 우리는 당할지도
몰라. 너희들 일본이 루즈벨트에게 당한 것처럼.
또 우리가 핵무기를 사용하면 저쪽도 핵무기를
사용할 테니까 말이야. 이건 알고 있어. '보통 무
기에는 보통 무기로 싸우지만, 상대가 핵무기를
사용하면 이쪽도 핵무기를 사용해도 상관없다'
고 나오겠지. 그러니까 어쩌면 미국은 우리가 핵
무기를 쓰게끔 하고 싶을지도 몰라. 상대방에게
핵무기를 한발 쏘게 하면 '이쪽도 핵무기로 공격
해도 된다' 는 소리가 될 테니까.

사   회 : 그럼 한국전쟁 당시 맥아더가 만약 핵무기를 사
용했다면 당신들은 어떻게 되었을까요?

김정일 영 : 으음. 중국이 졌겠지. 그 당시에 중국은 핵전쟁을

할 수 있는 입장이 아니었으니까. 그 후에 마오쩌둥이 '몇 천만 명이 죽어도 상관 없으니까 핵무기를 만들어라!'라고 끊임 없이 지령을 내려서 핵무기 개발에 매진했는데, 그러기 위한 시간을 번 거야. 조국해방전쟁(한국전쟁) 때 중국은 핵무기가 없었기 때문에 핵무기로 공격을 받았으면 중국은 그걸로 완전히 항복했을 걸. 미국이 북조선까지 점령할 테고 같이야. 트루먼이 멍청해서 중국이 살았지.

사   회 : 과연 그렇군요.

사토무라 : 북한과 중국이 위험했군요.

김정일 영 : 만일 맥아더가 핵무기로 공격했다면 중국은 그걸로 끝장이었어. 그래서 마오쩌둥은 전쟁이 끝나고 나서 10년 넘게 핵무기 개발에 오로지 매진했지. '그 당시 중국에서는 2천만 명 정도가 굶어 죽었다'고 하는데 '사람 목숨보다 핵무기 개발이 우선'이었기 때문이라고. 우리도 다소 그걸 흉내 내긴 했지만 말이야.

미국과 북한의 전쟁에 어떻게 관여할까

츠 이 키 : 현 시점에서는 북미 전쟁이 일어났을 때……

김정일 영 : 북미? 북미는 북조선과 미국을 말하는 건가?

츠 이 키 : 네, 그렇습니다. 아까 말했듯이 '북한이 핵무기를 사용하고 미국 또한 핵무기를 사용한다' 고 할 경우에 중국은 어떻게 관여할까요?

김정일 영 : 으음. 그래서 말인데, '조국해방전쟁' 은 일단 미국과 중국의 전쟁이니까. 사실은 미중 전쟁이고 베트남 전쟁도 사실은 미중 전쟁이라고. 중국은 스스로 싸우는 것을 보여 주지 않고 지원 국가에 무기 등을 보급하고 파일럿 등을 보내서 싸우는 행동을 잘하기 때문에, 내가 진짜 비밀로 '만일의 경우 인민군(북한군)인 척을 해서라도 방어하러 들어와 달라' 고 부탁했지.

츠 이 키 : 그건 인민해방군이 북한에 들어와서……

김정일 영 : 바로 그거야. '인민군인 척을 해서 싸워 달라'고
부탁했어.

사   회 : 그건 저쪽에 승인받으신 겁니까?

김정일 영 : 으음. 스스로 잘 나서는 나라가 아니라서 확실히
말하지는 않지만. 너희들이 '입술 역할을 계속한
다면〔순망치한(脣亡齒寒) : '서로 돕는 한쪽이 망하면
다른 쪽도 망한다'는 고사성어를 염두에 둔 발언〕 선처
하겠다'는 표현을 썼던가.

사   회 : 그건 작년부터 이어진 네 번의 교섭 중에 들어 있
던 이야기입니까?

김정일 영 : 으음. 그러니까 나는 아직 살아 있겠지만, 만일
아들이 대를 물려받았을 때 남조선이라는 뱀 같
이 교활한 나라가 이거 참 다행이라며 무슨 짓을
할지 몰라. 약한 놈을 괴롭히자고 단번에 쓸데 없
는 간섭을 할지도 모르겠군. 미국만 없으면 남조
선 대 북조선은 북조선의 승리라고. 완벽하게 이
길 수 있어. 그래서 서울 따위를 불바다로 만드는
건 한 시간도 안 걸려. 한 시간 안에 전부 새카맣

게 탈거야. 청와대 따위도 순식간에 없어지겠지.
한 시간 안에 불타서 없어질 거야. 우리가 핵무기
를 사용할 것까지도 없이 포탄으로 충분히 뭉개
버릴 수 있어. 서울을 불바다로 만들 정도의 포문
을 갖고 있으니까.

사　　회 : 그렇게 하면 미군이 괌으로 철수하는 쪽이 고맙
　　　　겠네요?

김정일 영 : 으음.

사　　회 : 그렇지도 않습니까?

김정일 영 : 괌 말이군. ……

츠 이 키 : 지금은 주한미군이 있으니까요.

사토무라 : 역시 장군님이 어릴 적에 한국전쟁에서 미군이
　　　　북한군을 단숨에 물리친 것에 대한 공포심을 줄
　　　　곧 갖고 계셨군요.

김정일 영 : 하지만 미국이 말이지, ‘핵무기를 사용하지 않겠
　　　　다’ 고 스스로 자기 손발을 묶은 단계에서 중국은
　　　　살았다고. 지상에서 하는 전쟁만 놓고 중국군과
　　　　싸우면 미군도 막대한 피해를 입지 않겠어? 미국

은 미국인이 죽는 것을 엄청 싫어해서 최대한 미
국인이 죽지 않도록 하려고 싸우잖아. 이것이 놈
들의 약점이라고. 되도록 미국인이 죽지 않는 전
투방법을 쓰려고 하지. 우리 군은 달라. 우리 군
은 시체더미를 쌓더라도 나라를 지키려고 하는
용맹한 집단이니까.

사토무라 : 하지만 최근에는 그 용맹한 집단의 상부에 있는
사람들 가족이 북한에서 도망치기도 하고 있습니
다. 일본에도 작은 배로……

김정일 영 : 으음. 데려와!

사토무라, 아니, 데려오라고 해도 '더 이상 그 나
라에서는 살 수 없다'고 군 고관의 가족이 말해
서……

김정일 영 : 당장 데려와! 죽여 버릴 테니까.

사토무라 : 좀 전에 '백만에 フ-까운 대 군대'라고 하셨는데
요, 현재 상황은 믿고 의지하는 군이 상당히 무너
지고 있습니다.

김정일 영 : 자네 말이지, 군대에는 우선적으로 식료품을 공

급하기 때문에 그것만으로도 고맙게 여겨야 해.
개보다는 나은 생활을 하니까 말이야.

♣ 김정은은 군사가 전문이지
경제에 관해서는 잘 모른다

사　　회 : 그런데 미국의 공격방법에 당신이나 정은 씨를
'핀 포인트로 살해한다'는 방법도 있습니다. 이
렇게 되면 북한의 군대는 어떻게 됩니까?

김정일 영 : 그건 좀 곤란하지. 공격당한 후의 준비가 안 되어
있는데. 그러니까……

츠 이 키 : 핀 포인트 공격을 받아서 군이 혼란해질 경우, 바
로 중국이 개입할 정도의 관계는 아직 아니군요.

김정일 영 : 으음. 지금의 중국은 역시 기회를 엿보기 때문에
어느 쪽이 이득인지 먼저 생각하지. 지금 완전히
북조선을 방위하러 들어올 수 있을 정도로 중국

은 우리와의 교섭에 이점을 찾지 못해서 말이야.
그래서 우리를 중국이 공격당하는 걸 막는 방패
대신으로 보고 있는데, 방패로 사용할 수 없게 되
었을 때는 역시 좀……

사　　회 : 그럼 당신이 지금 핀 포인트로 살해당하면 군부
는 어떻게 됩니까?

김정일 영 : 나 말인가?

사　　회 : 네.

김정일 영 : 내가 핀 포인트로?

사　　회 : 당신이 살해당해서 정은 씨만 남으면 어떻게 됩
니까?

김정일 영 : 정은이가 건강하면 '쏴라. 쏴라, 계속 쏴라! 고
하겠지. 그 아이는 지금 일본에 관한 공부도 하고
있을 테니까. 정은이는 자네들이 좋아하는 청일,
러일전쟁에서 승리한 역사를 공부하고 있어. 어
떻게 하면 작은 나라가 큰 나라를 이길 수 있는지
연구 중이지. 그 아이는 병법을 공부 중이라고.

사　　회 : 군사를 매우 좋아하는 사람기군요.

김정일 영 : 군사를 아주 좋아해. 군사대학을 졸업해서 군사가 전문이야.

사 회 : 정치나 외교보다도요?

김정일 영 : 응. 군사가 전문이야. 하지만 스위스에 보냈기 때문에 그 아이는 국제 감각도 갖췄어.

사 회 : 경제적인 것에 관해서는요?

김정일 영 : 경제적인 것을 아는지 모르는지 나는 잘 모르겠군.

츠 이 키 : 디노미네이션(통화단위 절하)을 실시해서 실패했지요?

김정일 영 : 경제는 어려우니까. 부모가 못한 일을 자식이 그리 쉽게 할 수 있는 게 아니야. 솔직히 말하면 '우리나라에는 인구가 2천만 명 정도뿐인데 군대가 이만큼이다' 고 하는 건 경제적으로 문제이긴 하지. 하지만 군대에는 싸울 수 있는 사람이 없으면 안 되니까 말이야. 군인을 생산 활동으로 돌리면 경제는 좋아지겠지만 많은 사람들이 군대로 달라붙어서 요즘에는 소비자 쪽으로 돌고 있지. 그래서 맘 같아서는 다른 나라 식료창고를 습격하고

싶을 정도야. 그렇다고 중국을 습격할 수도 없고. 이건 역습할 테니까 말이야. 남는 건 '남조선이나 일본 중 하나를 협박할 수 없을까' 야. 그러니까 사실 일본의 납치문제 같은 건 '돌려받고 싶으면 식료품과 금전 원조를 하라' 는 교섭을 하고 싶어서 납치한 거지. 일본이라면 인질 한 명당 10억 엔 정도는 내놓을 법하잖아? 그러면 1백명을 납치하면 천억 엔 정도가 돼지.

사토무라 : 당시 고이즈미 총리와는 그 방향으로 이야기가 진행되었던 모양인데요.

김정일 영 : 그랬지. 사람을 납치하면 몸값을 받는 것도 외화벌이 방법이니까. 그거라면 할 수 있거든. 우리가 일본인을 포획하거나 어선을 붙잡거나 하는 건 문제 없어.

츠 이 키 : 그런 짓을 하고 부끄럽다는 마음은 없습니까?

김정일 영 : 왜 부끄럽지? 자네, 살아가려면 말이야 도마뱀이나 뱀도 먹는다고.

사 회 : 그럼 도마뱀과 뱀을 먹으면 되지 않습니까?

츠 이 키 : 사람을 습격하지 말아 주십시오.

김정일 영 : 일본인을 먹은 건 아니잖나? 일본인에게 조선어
　　　　　를 가르치고 가정교사 같은 직업을 주는 것 외에
　　　　　도 여러 가지로 뛰어난 조선교육을 시켜 주는 데
　　　　　다가 일본으로부터 공물을 받으니까 이건 매우
　　　　　뛰어난 지성이 있는 사람 이외에는 생각해낼 수
　　　　　없는 고도의 작전 아닌가?

♣ 끝까지 자신의 죽음을
인정하지 않는 김정일의 영

사　　　회 : 그러면 슬슬 후계자 정은 씨의 수호령을 불러보
　　　　　겠습니다. 오늘 매우 감사드립니다.

김정일 영 : 내가 아직 건강한데 왜 그런……

사　　　회 : 아니오, 상당히 참고가 되었습니다.

김정일 영 : (《산케이신문》을 가리키며) 자네는 저 사이비 신문의

기자인가?

사토무라 : (쓴웃음)

사　　회 : 저는 신문기자가 아니고, 당신의 사망에 관한 기사는 일본의 모든 신문에 나와 있는 걸 설명해 드렸습니다.

츠 이 키 : 김 총서기가 세상을 뜬 사실은 지금 전 세계적으로 알려졌습니다.

김정일 영 : 아니, 그건 모략이야. '세상을 떴다'는 정보를 흘려서 세계의 동태를 살피고 있는 거라니까?

사　　회 : 아아, 그렇군요. 잘 알겠습니다.

김정일 영 : 나 대신 차기 위대한 장군으로 정은이가 등장하려는 거군.

사　　회 : 알겠습니다. 그럼 다음으로 정은 씨 수호령의 이야기를 들을 텐데요, 당신도 그 이야기를 들어 주시기 바랍니다.

김정일 영 : 아아, 그러지.

사　　회 : 네. 오늘은 정말로 감사합니다.

김정일 영 : 그래, 그래.

06

열차 안에서 죽었다는
발표는 날조된 이야기

♣ 열차 안에서 죽었다는
발표는 날조된 이야기

오오카와 류우호오 : 본인 스스로가 죽은 것을 깨닫지 못하는 것 같습니다. '병원에서 죽었다' 는 말이 사실일지 모르겠군요. '열차 안에서 죽었다' 는 게 왠지 수상합니다.

사　　　　　회 : 국위선양을 위해 김일성과 똑같은 형태로 죽었다고 한 것 같습니다.

오오카와 류우호오 : 그렇죠? '국내를 두루 살피는 도중에 과로로 쓰러졌다' 고 한 것이겠죠.

사　　　　　회 : 순직 비슷하게 포장하고 싶었을까요?

오오카와 류우호오 : 얼마 전에도 그가 슈퍼마켓을 시찰하고 상품 준비에 관해 발언한 것이 보도되었는데, 누군가가 날조한 이야기일 가능성이 높군요.

사　　　　　회 : 그럴 가능성이 있겠네요.

오오카와 류우호오 : 그렇게 이야기를 날조하는 것이 그 나라
의 특기지만, 실제로는 그가 몸이 안 좋
아서 입원했던 게 아닐까요? 뭔가 수상하
군요. 하지만 아마도 이 사실은 공표되지
않을 겁니다. 일하는 도중에 죽었다고 해
야 하거나 아니면 전쟁터 같은 데서 죽어
야 하겠죠.

사   회 : 그렇군요.

오오카와 류우호오 : 병원에서 처량하게 죽는 건 곤란할 겁니
다. 신화가 되지 못할 테니까요.

사   회 : 네.

오오카와 류우호오 : 자. 그런 느낌이었습니다. 그래서 그는
아직 지상 세계를 어슬렁거리고 있네요.
꽤 큰 소리로 지휘할 작정인가 봅니다.

사   회 : (웃음)

오오카와 류우호오 : 아무도 이야기를 듣지 않아서 뭔가 이상
하다고 하는 건가요?

사   회 : 네. 아직 의욕은 있는 것 같네요.

열차 안에서 죽었다는
발표는 날조된 이야기

김정은(1983~)

김정일 전 총서기의 삼남. 2010년에 조선 인민군 대장, 조선 노동당 중앙위원회 위원, 조선 노동당 중앙군사위원회 부위원장으로 취임. 김정일의 사망으로 인해 최고지도자 지위를 세습한 것으로 보인다. 역시 2010년 10월 13일에도 김정은 수호령의 영언을 수록했다. 《원자바오 수호령이 말하는 대 중화제국의 야망》(행복실현당 간행) 제2장 참조.

북한의 후계자 김정은의 야망

김정은 수호령의 영언

김정은 수호령의 영언(靈言)
2011년 12월 20일 영시(靈示)

01

두 번째로
김정은 수호령을
초령하다

내 시대가 왔다

오오카와 류우호오 : 그럼 김정은의 수호령으로 넘어가 볼까
요?

사　　　　　회 : 네.

오오카와 류우호오 : 북한의 후계자인 삼남 김정은의 수호령
을 초령하겠습니다. 김정은의 수호령을
초령하겠습니다 북한의 후계자 김정은
의 수호령을 초령하겠습니다.

(약 20초간 침묵)

김정은 수호령 : 으음! 이야아.

츠　이　키 : 안녕하세요.

김정은 수호령 : 아아.

츠　이　키 : 김정은 씨의 수호령이십니까?

김정은 수호령 : 으음. 때가 왔도다. 드디어 내 시대가 왔다.

츠 이 키 : 오늘 이렇게 행복의 과학 종합본부에 와주셔
서 감사합니다.

김정은 수호령 : 그래, 그래.

츠 이 키 : 이전에도 여기에 오셔서 행복실현당 사람과
대화를 나누신 것 같은데요.

김정은 수호령 : 으응?

사 회 : 작년 10월에 오셨고, 오늘이 두 번째입니다.

김정은 수호령 : 오오, 그래?

사 회 : 예.

김정은 수호령 : 뭐, 지금은 입장이 다르니까 말이야. 자네들
내 앞에서 엎드리게.

사 회 : 아버님은 돌아가셨지요?

김정은 수호령 : 음. 그렇지 뭐.

사 회 : 아까 본인은 '죽지 않았다' 고 하셨는데, 보셨
는지요?

김정은 수호령 : 응. 그런 의견도 있겠지.

사 회 : 그런 의견도 있다는 말은?

김정은 수호령 : 신이니까 죽지 않을 거야. 불사신(immortal)이

　　　　　　　라고.

사　　　　회 : 하아. 아버님은 당신에게 아직 약간의 불안감
　　　　　　　을 갖고 계시는 듯했습니다. 당신은 상당히
　　　　　　　기가 센 분이어서……

김정은 수호령 : 원래 부모님들은 대체로 그런 법이니까. 하지
　　　　　　　만 나는 말이야, 유럽으로도 유학을 가서 아
　　　　　　　버지보다도 두뇌, 체력이 훨씬 강인하다고.

사　　　　회 : 군부 쪽도 좀 걱정이라고 하셨습니다.

김정은 수호령 : 걱정할 거 전혀 없어.

사　　　　회 : 걱정이 없다고요?

김정은 수호령 : 그래. 이미 모두 나의 심복이니까.

사　　　　회 : 그렇습니까? 만약 반발하면?

김정은 수호령 : 반발 따위를 할 수 있을 리가 없지. 그날로 사
　　　　　　　형 당하니까.

재스민 혁명 따위가 일어날 리 없다

사   회 : 그러나 아버님께서는 중동에서 일어난 '재스민 혁명'의 씨앗이 지금 민중에게도 조금씩 침투하여 자라고 있다고 말씀하셨습니다.

김정은 수호령 : 그거야 뭐, 민중을 괴롭히는 지도자일 경우에나 그렇지.

사 토 무 라 : 호오.

김정은 수호령 : 그러니까 우리같이 민중을 사랑하는 지도자일 경우에는 그런 일이 일어날 수 없어.

츠 이 키 : 하지만 식료품이 상당히 부족하다고 들었는데요.

김정은 수호령 : 으음? 아니, 그렇지 않아. 아버지는 배가 나오고 당뇨기가 있었고, 나도 당뇨기가……

츠 이 키 : 아뇨, 그런 뜻이 아니라.

사   회 : 당신과 장군님은 뚱뚱하지만 다른 민중들은 모두 야위었습니다.

김정은 수호령 : 모르겠는데. 그럴 리는 없어.

사   회 : 작년에 당신은 식료품을 달라고 하지 않으셨
나요?

김정은 수호령 : 그건……

사   회 : '핵미사일 한 발과 쌀 10만 톤을 교환하자' 고
하셨잖습니까.

김정은 수호령 : 으음, 자네, 너무 세세히 기억하는군. 세세해.

사   회 : 세세히 기억하고말고요. 하지만 그렇게 말씀
하신 건 사실입니다.

김정은 수호령 : 아니, 그런 건 그날로 잊어버려라.

사   회 : 그렇게 사소한 말씀까지 해야 할 정도로 식량
난에 허덕이는 것이겠죠.

김정은 수호령 : 으음, 90년대는 흉작이 계속되었으니까. 홍수
도 났고. 여러 가지로 뭐랄까, 재수가 없었어.
그런 문제로 식료품이 좀 부족해졌는데 중국
에서 해주는 원조도 최소한이라 별로 힘이 안
되더라고.

츠　이　키 : 경제에 대해서 다양한 노력을 하실 텐데요,
　　　　　　재작년 가을에 화폐개혁을 한 것 때문에 오히
　　　　　　려 경제가 혼란해져서 그 책임자를 처형했다
　　　　　　는 이야기도 들립니다. 그리고 ‘주택을 10만
　　　　　　채 짓겠다’ 고 하신 것 치고 아직 5백 채도 못
　　　　　　지었다는 소리도 들리는데요.

김정은 수호령 : 자네는 뭔가? 삼류 저널리스트인가?

츠　이　키 : (쓴웃음) 아니오. 그런 정보를 들어서 진상이
　　　　　　궁금해서요.

사　　　　회 : 이 분은 행복실현당 당수입니다.

츠　이　키 : 소개가 늦었습니다. 행복실현당 당수 츠이키
　　　　　　입니다.

김정은 수호령 : 나에 비하면 세계적으로는 1억분의 1쯤의 지
　　　　　　명도밖에 안 되는군.

사　　　　회 : 그렇지는 않을 텐데요.

츠　이　키 : 머지않아 완전히 역전될 것입니다.

김정은 수호령 : 그래? 흐음. 뭐 어쨌든 말이야, 나는 여타 독
　　　　　　재자들과는 달라서 민중에게 사랑과 존경을

받고 있다고.

츠 이 키 : 하지만 그런 것 치고는 북한에서 탈출하는 사
람이 많은 것 같군요.

김정은 수호령 : 배신자는 어디에나 있는 법이야. 자네들 종교
도 탈출할 놈은 있을 테니까.

츠 이 키 : 아뇨, 그런 일은 없습니다.

김정은 수호령 : 탈출할 놈이 있다고 허서 그 종교가 나쁘다고
할 수는 없잖아? 안 그래?

사 토 무 라 : 그런데 탈출하는 숫자를 보면 인구 2천만 명인
나라치고는 상당히 많은 게 아닙니까?

사 회 : 그러네요.

김정은 수호령 : 역시 충성심이 없는 인간은 어느 나라에나
있는 법이라니까. 그러니 탈출을 눈감아 준
다고 하면 역시나 관대한 자비심으로 가득
차있다는 뜻이라고.

02

한미일(韓美日)에
대한 기본 전략

얕잡아 보면 이렇게 될 것이다라는 의사표시

사　　　회 : 당신은 작년에 '지금 북한에는 식료품이 없어서 일단 미사일을 쏠 수밖에 없다'고 하셨지요?

김정은 수호령 : 아니 뭐 군이 쏘지 않아도 돼. 지금 '무역'을 하려는 중이니까.

사　　　회 : 17일과 19일에 미사일을 쏜 건 사실이죠?

김정은 수호령 : 으음, 그건 뭐 증거를 내놓으면 인정할게.

사　　　회 : 증거가 있습니다.

김정은 수호령 : 봤을 리 없을 텐데?

사 토 무 라 : 아니, 하지만 미사일은 ……

김정은 수호령 : 본 게 아니라면 속고 있는지도 모르겠군?

사 토 무 라 : 아뇨, 미사일이 날아간 것은 보지 못했지만, 저는 어제 공항에서 비행기가 뜨지 않아 발이 묶여 피해를 입었습니다.

김정은 수호령 : 일본은 지금 경제상황이 매우 나쁘구먼.

사 토 무 라 : 아니오, 자위대의 긴급 출동 때문입니다.

김정은 수호령 : 뭐? 아니, 아니야. 분명 석유가 없어서였을 거야.

사 토 무 라 : 저는 어제 스케줄이 엉망이 되어서 오늘은 정은 씨에게 불평은 아니지만 한마디 좀 해야겠습니다(장내 웃음). 왜 미사일을 쐈습니까?

김정은 수호령 : 아니 그건 우리의 다음 방침을 보여준 거야.

사　　　회 : 그것이 방침입니까?

김정은 수호령 : 그래.

사　　　회 : 어떤 방침입니까?

김정은 수호령 : 대답이야.

사　　　회 : 대답이요?

김정은 수호령 : 그러니까 '얕잡아 보면 이렇게 될 것이다' 라는 걸 보여준 거지.

사　　　회 : 하지만 그건 일본해(동해)에 떨어졌을 뿐이지 않습니까.

김정은 수호령 : 뭔 소리야, 일부러 떨어뜨린 거잖아. 자네들

을 살려 주려고 일부러 빗나가게 했다고. 무
슨 말을 하는 거야. 농담하지 말라고.

사　　　회 : 그래서 바다에 첨벙 떨어뜨렸습니까?

김정은 수호령 : 아니지, 그런 헛돈을 바다에 버릴 만큼의 여
력이 아직은 우리나라에 있다는 뜻이야.

사　　　회 : 아버님은 '아직 핵탄두를 싣고 발사할 자신
이 없다' 고 하셨습니다.

김정은 수호령 : 그건 쏴보지 않으면 모르지.

사　　　회 : (쓴웃음) 쏴보지 않으면 모른다니요……

김정은 수호령 : 어디에 떨어져도 말이야, 육지에 떨어지면 피
해가 생기게 되어 있어. 하지만 바다는 달라.
뭐 물고기는 죽겠지만.

사　　　회 : 그렇죠.

김정은 수호령 : 일본 따위는 일전에 지진으로 피해를 입어서
이젠 거의 패전상태잖아. 이런 약한 나라 따
위를 이제 와서……

사　　　회 : 이제 와서 일본은 노리지 않는다는 말씀인가
요?

김정은 수호령 : 아니, 노릴 거야.

사　　　　회 : 언제 노릴 예정입니까?

김정은 수호령 : 아니, 뭐 협박해서 돈을 뜯어내는 방법을 지
　　　　　　　금 연구 중이거든.

♣ 청일, 러일전쟁을 연구하는 것은
제7함대를 쳐부수기 위해

사　　　　회 : 당신은 청일, 러일전쟁을 연구하는 모양인데
　　　　　　　요.

김정은 수호령 : 음, 그렇지.

사　　　　회 : 어디를 공격하려고 연구 중입니까?

김정은 수호령 : 그야 남조선과 일본이지.

사　　　　회 : 한국과 일본이요?

김정은 수호령 : 그렇지.

사　　　　회 : 청일, 러일전쟁에서 어떤 점을 배웠습니까?

김정은 수호령 : 으음, 뭐랄까, '압도적인 국력의 차이를 어떻게 극복할까' 하는 병법과 국민과 군대의 사기, 지도자의 능력, 그런 점이랄까? 그러니까 사실 너희들 따위는 상대가 안 돼. 제7함대를 어떻게 쳐부술지를 연구 중이거든.

사　　　회 : 호오. 제7함대까지 해치워 버릴 건가요?

김정은 수호령 : 그래 맞아. 그 정도는 해줘야 청일, 러일전쟁에 버금가지 않겠어?

사 토 무 라 : 러일전쟁에서는 일본해 해전에서 발틱 함대와 전투가 있었지요.

김정은 수호령 : 그래, 그래. 그러니까 제7함대를 격퇴하면 내 이름이 세계사에 새겨지겠지.

사 토 무 라 : 과연.

츠　이　키 : 작년 11월에 연평도 포격이 있고 나서 한국과 미국은 서해에서 합동군사훈련을 했는데요, 그것은 어떻게 보셨습니까?

김정은 수호령 : 겁쟁이들이나 그렇게 허세부릴 뿐이야.

츠　이　키 : 그렇습니까?

김정은 수호령 : 우리는 예고 없이 쏴대잖아.

츠 이 키 : 하아, 역시 그렇군요.

김정은 수호령 : 저쪽은 합동군사훈련으로 허세를 부릴 뿐이
지? 우리는 가만히 쏴대니까 우리 힘이 더 센
게 당연하잖아?

♣ 미국의 항공모함을
한 척 침몰시키면 충격일 것이다

츠 이 키 : 미국 함대에 맞설 공격방법을 여러 가지로 연
구하고 있습니까?

김정은 수호령 : 생각 중이지. 전혀 예기치 못하게 항공모함
한 척을 침몰시키고 싶거든.

사 토 무 라 : 호오.

김정은 수호령 : 그렇게 하면 충격받겠지?

사   회 : 어떻게 침몰시키는 겁니까?

김정은 수호령 : 그니까 그건 어느 나라에서 쐈는지 모르게 하
는 게 중요해.

사　　　회 : 적중률이 떨어지는 미사일로 어떻게 맞힙니
까?

김정은 수호령 : 근처에서 쏘면 맞겠지 (장내 웃음).

사　　　회 : 근처에서 쏘는 겁니까?

김정은 수호령 : 그렇지.

사　　　회 : 쏘기 전에 미국 잠수함 등에게 당하지 않을까
요?

김정은 수호령 : 밤에 접근해서……

사　　　회 : 지금은 제2차 세계대전 때와는 달라서 레이
더가 충분하니까 힘들 텐데요.

김정은 수호령 : 밤에 고무보트로 접근하는 거지.

사　　　회 : 고무보트? 레이더에 잡히지 않는다는 말입니
까?

김정은 수호령 : 고무보트로 접근해서 잠수복을 입고 물 속으
로 들어가 배 밑바닥에 폭약을 설치해서……

사　　　회 : 그걸로 제7함대를?

김정은 수호령 : 폭파하는 거야. 구멍이 뚫리면 가라앉을 테니까.

사 토 무 라 : 한국의 초계함도 그 방법으로 침몰시켰습니까?

김정은 수호령 : 으음, 그렇지……

사 토 무 라 : 그건 연습이었나요?

김정은 수호령 : 위험한 질문을 하는군. 으음. 근처에서 어뢰를 쏠 수도 있고, 폭약을 설치할 수도 있지. 뭐 007 같은 시리즈는 최신작을 전부 봤어.

사　　　회 : 좋아하는군요.

김정은 수호령 : 나는 미국이 만드는 전쟁과 관련된 종류는 전부 조사해서 공부하고 있어.

사　　　회 : 역시. 결국 레이더에 포착되지 않으면 누구든지 할 수 있는 것이군요.

김정은 수호령 : 맞아. 나무나 천, 고무는 레이더에 잡히지 않는다고.

사　　　회 : 그게 최대 전략이군요?

김정은 수호령 : 스텔스 성능이라는 걸 말이지.

사　　　　회 : 스텔스라……(쓴웃음).

츠　이　키 : 스텔스 기술이 발달한 나라는 미국인데 거기
　　　　　　에 대비하고 있습니까?

김정은 수호령 : 으음, 지금 기습을 생각 중이야. 설마했을 때
　　　　　　를 노리는 거지. 기습할 때는 상대가 언제 기
　　　　　　습할지 예상치 못하게 하는 게 중요하니
　　　　　　까……

사　　　　회 : 당신들이 기습을 한다는 말입니까?

김정은 수호령 : 물론이지.

일본은 몸값을 얼마나 낼 것인가

사　　　　회 : 저쪽에서 기습해 올 경우에는 어떻게 됩니까?

김정은 수호령 : 저쪽에서 기습을 하면 천하의 미국이 세계적
　　　　　　으로 망신을 당하지 않겠어?

사   회 : 어째서죠?

김정은 수호령 : 아니 생각을 해 봐, 평화를 사랑하는 민주주
의 인민공화국에 공격을 가하면 그건 세계
가……

사   회 : 아뇨, 당신에게만 맞선다면 말입니다.

김정은 수호령 : 뭐?

사   회 : 당신한테만 기습을 가할 경우라고요.

김정은 수호령 : 자네 말이야, 그랬다간 국제사법재판소에서
오바마가 사형당하지.

사   회 : 그럴 리는 없죠. 이미 몇 명이나 그런 기습을
받았습니다. 예를 들면 후세인이라든가.

김정은 수호령 : 으음.

사 토 무 라 : 올해도 오사마 빈 라덴과 카다피가 기습을 받
았다고 합니다. 그러나 인민을 해방시켰다고
해서 아무도 비판을 하지 않습니다.

김정은 수호령 : 미국 위협이 위험하다면 일본을 위협해야지.
노다 수상을 납치해서 죽인다 한들 별말 없겠
지?

사 토 무 라 : 뭐, 그렇겠지요.

김정은 수호령 : 몸값은 얼마나 주려나?

사 토 무 라 : 안 줄 겁니다.

김정은 수호령 : 안 준다고?

사 토 무 라 : 마음대로 하라는 뜻입니다.

김정은 수호령 : 그럴 리야 없겠지.

사 토 무 라 : 노다 수상은 드리겠습니다.

사   회 : 노다 수상에게 납치 문제를 확실히 해결할 의
지가 있으면 모르겠지만.

김정은 수호령 : 수상을 넘겨받으면 납치한 사람들을 되돌려
줘도 될 텐데.

사   회 : 그럼 수상을 드리면 납치당한 사람들이 전부
돌아옵니까?

김정은 수호령 : 근데 노다를 받는다 해도 사람들을 되돌려줄
수 없을 거야.

사   회 : 역시 노다 수상으로는 무리입니까?

김정은 수호령 : 음, 그렇지…… 몸값을 뜯어내려고 해도 만일
너희 쪽에서 느다는 돌려 주지 않아도 된다는

식으로 나오면 우리가 곤란해질 테니까.

사   회 : 아뇨, 그래도 중요한 총리대신이잖아요.

김정은 수호령 : 뭐 몸값을 얼마나 내놓을까?

사 토 무 라 : 그런데 일본의 노다 총리는 평가가 상당히 낮

습니다.

김정은 수호령 : 값은 얼마 정도?

사 토 무 라 : 글쎄요.

김정은 수호령 : 되돌려 받고 싶으면 얼마를 내놓을래? 1만 달

러?

사 토 무 라 : 아니, 뭐 1만 엔이라고 하지는 않겠지만……

김정은 수호령 : 우리는 특수부대를 꽤 보유하고 있다고. 너희

는 외계인을 좋아하지? 외계인인 척해서 사람

들을 납치하는 것쯤은 충분히 훈련해 둬서 식

은 죽 먹기거든. 그러니 생각 잘하라고.

♣ 원자력발전소 부근에
미사일을 두세 발 쏘면 재미있을 것이다

사   회 : 화제를 좀 바꿔보겠습니다. 작년 10월의 영언
            으로 이야기를 나눴을 때 당신은 '내 이름으로
            미사일을 쏴서 국위선양하고 싶다' 고 하셨죠.

김정은 수호령 : 그 뒤에 사건이 좀 있었잖아?

사   회 : 그때는 이름이 나오지 않았잖아요.

김정은 수호령 : 아니 뭐 이름이 안 나왔다고 해도 누가 했는
            지 정도는 알잖아.

사   회 : 나라 안에서는 알고 있다는 거군요.

김정은 수호령 : 그야 전부 알고 있지. 안에서는 알고 있어.

츠   이   키 : 내년(2012년)에 '강성부흥의 대문을 열자' 는
            취지로 캠페인을 하고 있다고 들었는데요, 내
            년에 뭔가를 '기획' 하고 있습니까?

김정은 수호령 : 1백 주년(김일성 탄생 백년)이라고 아까 말했
            지?

츠 이 키 : 네.

김정은 수호령 : 그래서 '불꽃놀이'를 해야 해.

사　　　　회 : '불꽃놀이' 요?

츠 이 키 : 그건 어느 방면에 얼마나 되는 규모로 할 건
가요?

김정은 수호령 : 으음, 글쎄. 역시 가장 효과적인 곳에 하는 게
중요하겠지. 나도 서양에 관해 공부하고 있으
니까. 가장 효과적인 곳에서 불꽃놀이를 할
거야.

사　　　　회 : 그 공부의 성과로 가장 효과적인 곳이 어디입
니까?

김정은 수호령 : 글쎄. 뭐……

사　　　　회 : 당신의 학력을 알고 있습니다.

김정은 수호령 : 글쎄, 지금의 일본을 보면 동북지방의 대지진
으로 그렇게나 약해져서 원자력발전소 문제
로도 옥신각신하잖아. 뭐 아직은 핵미사일을
안 쏴도 될 것 같은데, 단거리 미사일로도 충
분하니까 원자력 발전소 근처에 두세 발 쏴

주면 굉장히 재밌지 않을까?

사　　　회 : 그건 내년의 '기획' 에 포함되어 있습니까?

김정은 수호령 : 일단 '불꽃놀이' 로는 생각 중이지.

♣ 한미일이 군사훈련을 하던
선전포고로 간주하겠다

사　　　회 : 생각은 하고 있지만 아직 실행은……

김정은 수호령 : 그러니까 '일본이 뭔가 괘씸한 행위를 한다'
　　　　　　는 전제가 필요하기 때문에 그렇게 하게끔 만
　　　　　　들어야 해. 극가적으로는 어디까지나 정당방
　　　　　　위여야 하니까 일본이 나서도록 꾸미고는 있
　　　　　　어.

사　　　회 : '괘씸한 행위' 라고 하면 예를 들어 어떤 것입
　　　　　　니까?

김정은 수호령 : 북조선을 마도한다던가.

사   회 : 매도라고 해도 이제 와서 이미 매도할 것도 없는데요.

김정은 수호령 : 아니야, 그럴 리 없어. 나를 매도할 수 있잖아?

츠   이   키 : 오히려 당신들이 일본을 매도하는 게 아닙니까?

김정은 수호령 : 그건 우리 국민성이니까 어쩔 수 없어.

츠   이   키 : 그건 공평하지 못하네요.

김정은 수호령 : 자네들의 국민성은 아무 말도 하지 않는 거야.

사   회 : 납치 문제 등이 있지 않습니까?

김정은 수호령 : 으음, 그니까 그건 군사훈련이라니까.

사   회 : 그 이야기는 작년에 들었습니다.

김정은 수호령 : 일본인을 안전하게 우리나라에 확보한 거지……

사   회 : 그건 작년에 이미 논의가 끝났습니다.

김정은 수호령 : 아, 그런가?

사   회 : 앞으로 당신이 지위에 있는 동안 납치 문제를 해결할 것입니까?

김정은 수호령 : 아니, 이미 납치한 사람 대부분이 죽었어. 자네 말이야, 북조선에서 장수할 수 있을 리가 없잖아. 그래서 상당수가 죽었다고.

사   회 : 아까 '노다 수상과 교환할 때 어떻게든 하겠다'고 하지 않으셨나요?

김정은 수호령 : 가치 없는 노다와 교환이라…… 흐음.

사 토 무 라 : 아버님은 '돈이나 식료품과 교환'을 말씀하셨습니다.

김정은 수호령 : 근데 일본의 총리대신이라면 어쨌거나 주위에 경비를 펼칠 거 아니야.

사 토 무 라 : 뭐 어느 정도는 지키고 있겠죠.

김정은 수호령 : 우리도 아직은 수상 관저에 미사일을 명중시킬 정도의 자신감이 없다고. 그렇기 때문에 비밀 공작원을 이용해야 하는데, 뭐 납치하기 쉬운 곳으로 와주던 고맙기는 하겠군. 동해 쪽을 시찰 같은 거 하러 올 때 근처에서 폭발을 일으키면 역시 재미있겠지? 그런 거 좋네.

으음, 가능하겠어.

츠　이　키 : 그런데 일본이 북한에게 이러쿵저러쿵 말하
는 경우는 좀처럼 없으니까 그런 의미에서는
공격할 구실이 없지 않습니까?

김정은 수호령 : 하지만 적어도 한미일이 협동해서 무슨 짓을
하려고 들겠지.

사　　　회 : 군사훈련이라는 게 있습니다.

김정은 수호령 : 우리가 '너희가 군사훈련을 하면 그만큼 도
발과 선전포고로 간주하겠다' 고 했는데 그럼
에도 불구하고 군사훈련을 한다면 그건 선제
공격을 한 것과 다름없어. 그래서 우리는 무
슨 짓을 해도 된다고.

♣ 미국과 북한은
대등한 관계에 있다?

츠　이　키 : 12월 22일로 예정된 북미 협의는 아버님이 돌
　　　　　　아가셔서 아다도 취소되겠지만, 앞으로 미국
　　　　　　에 어떻게 대응할 생각이십니까?

김정은 수호령 : 대등한 관계니까.

츠　이　키 : 그렇습니까?

김정은 수호령 : 미국과는 대등한 관계지. 나도 스위스에 있었
　　　　　　으니까 유럽의 시점을 갖고 있고 미국의 장단
　　　　　　점도 충분히 알고 있거든.

사　토　무　라 : 구체적으로 어떻게 대등하다는 겁니까?

김정은 수호령 : 아니, 나라 대 나라로 맞서니까 대등하다고.
　　　　　　하지만 너희 일본 따위는 이제 삼류국가야.
　　　　　　핵무기를 가진 나라와 갖지 못한 나라 사이에
　　　　　　외교가 성립할 수 없다는 거 몰라?

사　　　　회 : 외교가 성립되지 않습니까?

김정은 수호령 : 성립되지 않지. 평등한 외교라는 건 있을 수
　　　　　　　없어. 한쪽이 다른 한쪽을 전멸시킬 수 있는
　　　　　　　관계이기 때문에 더 이상 외교가 성립될 여지
　　　　　　　가 없는 거야.

사　　　　　회 : 그렇다면 당신이 하신 말씀은 앞으로 거의 실
　　　　　　　현되어 가겠군요.

김정은 수호령 : 우리는 해마다 국력을 키울 테니까.

사 토 무 라 : 그런데 현재 상황이라면 미국에서는 압력이
　　　　　　　상당히 거세지겠네요. 인권문제나 여러 가지
　　　　　　　로.

김정은 수호령 : 그래도 마지막에는 우리가 우세할 거야. 우리
　　　　　　　한테는 육군이 있으니까. 미국이 점령하고 싶
　　　　　　　다면 미국의 젊은이들이 10만에서 20만 명은
　　　　　　　죽어야 하겠지만 말이야.

사　　　　　회 : 그렇지만 아버님은 당신 혼자 죽어버리면 그
　　　　　　　길로 군부가 혼란해질 거라고 하셨습니다.

김정은 수호령 : 으음……

사　　　　　회 : 거기까진 생각해 보지 않았군요.

김정은 수호령 : 으음. 다른 형제가 없는 게 아니니까. 그들을
　　　　　　　　앞잡이로 삼을지도 모르지.

없애버려야 한다

츠　이　키 : 두 형님들은 지금 해외에 계시는 것 같은데
　　　　　　요, 앞으로 어떤 관계로 지낼 예정입니까?

김정은 수호령 : 없애버려야 한다고 생각해.

사　　　회 : 없애버려야 한다그요? 그럼 고모되시는 김경
　　　　　　희 씨와 그 남편 장성택 씨는 어떻게 여기십
　　　　　　니까?

김정은 수호령 : 어쨌든 니 지도력을 확립하는 게 중요하니까
　　　　　　　　방해되는 행동을 할 것 같으면 자객을 보내야
　　　　　　　　지.

사 토 무 라 : 실제로 10년 전에 맏형인 정남 씨를 암살하려

고 한 적이 있었다는 이야기도 떠돌고 있죠.

김정은 수호령 : 아아, 그건 아버지가 한 거야. 태생이 나빠서
없애려고 한 거지.

사   회 : 둘째 형님은 어떻습니까?

김정은 수호령 : 응? 둘째 형 말인가? 으음……

사 토 무 라 : 당신과는 사이도 좋다고 하던데요.

김정은 수호령 : 만일 앞잡이처럼 이용될 가능성이 있다면 무
슨 '병' 에 걸리게 해야겠지.

사   회 : 그럼 당신의 '후임' 에 관해서는 생각하지 않
습니까?

김정은 수호령 : 아니, 그거에 대해선 말이야, 나는 일본의 역
사까지 꼼꼼히 공부하고 있거든. 김씨 왕조를
지속시킬 방법을 찾기 위해 '일본의 천황가
문이 왜 지금까지 망하지 않았는지' 를 연구
중이야.

이란이나 파키스탄과 연결되어 있다

사　　　회 : 그러면 만일 당신이 죽더라도 군부와는 확실
　　　　　　히 깊은 관계를 유지할 수 있겠군요.

김정은 수호령 : 자네 말이야, 어떻게 20대한테 죽는다는 말을
　　　　　　하는가……

사　　　회 : 당신은 '미국과 싸우겠다'고 했으니까 그 정
　　　　　　도는 각오하셔야죠.

김정은 수호령 : 그거야……

사　　　회 : 제7함대를 괴멸시킨다면 말이죠.

김정은 수호령 : 그러니까 '어떻게 해야 중국이 한 것처럼 보
　　　　　　일 수 있느냐'가 중요하다고. 중국이 한 것처
　　　　　　럼 보일 수 있으면 미국은 즉시 공격할 수 없
　　　　　　을 테니까. 중국과 싸울 각오를 다질 때까지
　　　　　　는 좀 시간이 걸려.

사 토 무 라 : 그런데 올해는 정세가 상당히 변했습니다. 올

해의 큰 특징은 미얀마가 중국 편에서 미국 편으로 붙어서 중국도 쉽사리 손을 내밀 수 있는 상태가 아니라는 것입니다.

김정은 수호령 : 이란이 힘을 써 주지 않을까? 기술을 제법 제공했으니까 이란이 그쪽으로 미국을 끌어당겨서……

사　　　　회 : 이란이 당신들을 위해 그렇게까지 해 줄까요?

김정은 수호령 : 음. 그쪽으로 제7함대를 끌어당기는 동안에 뭔가 생각이 떠오르면 해치우고 싶군.

사 토 무 라 : 실제로 이란과 협의가 된 것입니까?

김정은 수호령 : 아니, 협의랄까, 기술을 제공하고 있으니까 말이야.

사 토 무 라 : 기술 제공 외에 '국제사회 안에서 이렇게 행동하자' 는 계획 등을 공유하나요?

김정은 수호령 : 음. 당연히 공유하고 있지. 파키스탄도 동료로 넣자고 이야기하고 있고 말이야. 이런 이야기는 제네바 같은 데서 하는 거야.

사 토 무 라 : 세대교체를 해도 파키스탄이나 이란과의 추

축국 체제는 계속될 거라는 뜻입니까?

김정은 수호령 : 맞아. 나는 국제파니까.

사   회 : 그러면 중국과의 관계도 변함없습니까?

김정은 수호령 : 일단 중국은 보급원이니까. 중국이 우리 편
을 들어 주는 한, 나라가 망하지 않을 것으로
보고 있지.

03

김정일 사망의
진상은 무엇인가

♣ 부친이 빨리 죽도록
주사를 놓게 했다

사　　　회 : 당신은 아버님이 이렇게 빨리 돌아가실 거라
　　　　　　생각하지 않았습니까?

김정은 수호령 : 아니, 가정하고 있었어.

사　　　회 : 가정하고 있었다?

김정은 수호령 : 응. 슬슬 이쯤에서 죽어 주지 않으면 내가 활
　　　　　　약할 장이 없어지잖아.

사 토 무 라 : 뭔가 손을 쓰셨습니까?

김정은 수호령 : 손을 쓰다니 무슨 뜻이지?

사 토 무 라 : 아버님의 임종이 빨라지도록 손을 쓴 게 아닙
　　　　　　니까?

김정은 수호령 : 빨라지도록 했지.

사 토 무 라 : 역시나. 그런 것 같았습니다.

김정은 수호령 : 손을 쓰긴 했지. 빨리 죽어 주지 않으면 곤란
　　　　　　하니까.

사 　　회 : 약물 같은 겁니까? 앞서 아버님께서 나오셨을
때 '굉장히 뜨겁다' 고 하셨거든요.

김정은 수호령 : 이미 치매 증상을 보이는데도 언제까지고 좌
지우지하려고 들어서 손 좀 써줬지.

사 　　회 : 왜 뜨거웠을까요?

김정은 수호령 : 뜨겁다니 뭔 소리야?

사 　　회 : 불에 태웠습니까?

김정은 수호령 : 주사일 걸? 주사 때문에 발열했을 텐데?

사 　　회 : 아아, 주사로 열이 나게 했습니까?

김정은 수호령 : '이제 해치워' 라고 말해 뒀으니까.

사 　　회 : '해치워' 라고 하셨군요.

김정은 수호령 : 그래.

사 토 무 라 : 병원에 입원시켜서 거기에서?

김정은 수호령 : 한 사람쯤은 주사로도 쉽게 죽일 수 있잖아?

사 　　회 : 그게 당신 나라에서는 보통의 일입니까?

김정은 수호령 : 그런 건 보통이지. 암살의 역사니까.

사 　　회 : 아버님도 살해합니까?

김정은 수호령 : 그렇지.

츠   이   키 : 암살에서 서거 발표까지 이틀 정도가 비는데
          요, 그 사이에 무슨 일이 있었습니까?

김정은 수호령 : 그야, 일단 생각할 시간이 필요했으니까.

사   회 : 주사를 놓은 사람은 그 사실을 알고 있겠군
          요.

김정은 수호령 : 이미 죽었어.

사 토 무 라 : 입막음인가요?

김정은 수호령 : 당연히 죽었지. 당연하잖아.

사   회 : 그럼 그 사실을 아는 사람은 거의 없겠네요.

김정은 수호령 : 그걸 아는 사람은 모두 죽였으니까.

사 토 무 라 : 하아……

김정은 수호령 : 당연한 거 아냐?

사 토 무 라 : 그래서 발표까지 51시간이 걸렸군요.

사   회 : 관계자를 죽이는 데 시간이 좀 걸렸습니까?

김정은 수호령 : 아니, 죽이는 건 금방이야.

사   회 : 아아, 그렇습니까?

김정은 수호령 : 간단해. 정보 같은 건 전혀 새나가지 않으니
          까.

사   회 : 그 사람들은 자신이 살해당할 걸 알고 한 겁
니까?

김정은 수호령 : 아니, 몰랐겠지. 훈장을 받을 수도 있겠다고
여겼을지도 모르겠군.

사   회 : 너무하시네요.

김정은 수호령 : 그런가? 하지만 나는 일본의 오다 노부나가
같은 존재라고, 그런 나한테 무슨 말을 하는
거야?

사   회 : 역사적으로는 상당히 뒤쳐졌네요.

♣ 내게 불만을 가진 사람은
심근경색을 일으킨다

츠   이   키 : 잠시 여담이지만 아버님이 돌아가신 사실을
발표한 여성 아나운서가 있는데요, 그 사람은
10월쯤부터 모습을 쭉 보이지 않았습니다. 무

슨 일이 있었습니까?

김정은 수호령 : 맞아. 여자도 없애려고 했지.

츠 이 키 : 그렇습니까?

김정은 수호령 : 사실은 그래.

사 회 : 그 여자를 싫어하십니까?

김정은 수호령 : 싫어하지. 아버지를 칭송하기만 하니까.

사 회 : 그럼 머지않아 죽는다는 뜻입니까?

김정은 수호령 : 내가 지위하는 동안에는 더 이상 필요 없어.
이제 곧 심근경색을 일으키지 않을까? 아버
지가 죽어서 슬픈 나머지 심근경색을 일으킬
거야.

츠 이 키 : 그런 겁니까?

김정은 수호령 : 아마도.

사 회 : 당신은 작년에 저와 대화를 나눴을 때 '부친
이 죽은 후에 힘내지 않으면 민중이나 군부,
정적(政敵 : 정치적으로 디립하는 자)에게 살해당
할 가능성이 있다' 고 하셨습니다.

김정은 수호령 : 흐음. 그때와 지금은 상당히 다르지.

사 토 무 라 : 무슨 뜻입니까?

김정은 수호령 : 권력을 장악해 나가고 있잖아.

사　　　　회 : 중추부의 근위부대는 완전히 장악하셨습니까?

김정은 수호령 : 그럭저럭. 2년 만에 그건 거의……

사　　　　회 : 장악했다는 뜻이군요.

김정은 수호령 : 이전과는 사정이 변했으니까 지금은 내 명령으로 핵미사일을 쏠 수 있을 정도까지 왔지.

사　　　　회 : 핵미사일을 쏠 수 있다고요?

김정은 수호령 : 그건 확실해.

사　　　　회 : 그러면 당신이 암살당할 가능성은 없다는 말입니까?

김정은 수호령 : 으음, 그야 없다고는 할 수 없으니까 일단 경계는 하고 있어. 가까이에 있는 사람이 불만을 갖지 않게끔 하고 있지. 근데 아버지 재임 시절의 충신들이 자신들의 불우를 탄식했을 때 뭔 일을 꾸밀 가능성이 있어서 그걸 좀 주의해야 해.

사   회 : 아버님을 칭송한 사람이 살해당하면 모두 위
　　　　　기를 느끼겠군요.

김정은 수호령 : 아니 모두가 그런 것도 아니야. 내가 죽는 건
　　　　　곤란하지만, 남이 죽는 건 아무래도 상관없잖
　　　　　아?

사   회 : 아니죠, 그래서 아버님과 관계된 사람들을 경
　　　　　계하는 게 아닙니까.

김정은 수호령 : 우리나라는 말이야, 파티를 열어. 파티를 열
　　　　　어서 상당히 호의적이고 발전적으로 처리하
　　　　　거든.

사   회 : 한창 파티 중에 말입니까?

김정은 수호령 : 불러서 파티를 연 후어 돌아갈 때는 모두 심
　　　　　근경색을 일으키는 거야. 아하하하, 이해가
　　　　　되나?

사   회 : 그게 전통입니까?

김정은 수호령 : 전통이야. 집에 도착하기 전에 죽게 되어 있
　　　　　어.

사 토 무 라 : 그렇습니까?

김정은 수호령 : 그래. 파티에 와서 지도자에게 받은 것을 먹
고 마셔야 하니까 모두 집에 도착하기 전에
경련을 일으키면서 가게 돼.

사   회 : 당신은 스위스에서 공부하셨는데, 그곳에서
만 뭔가 다른 것을 배우셨습니까?

김정은 수호령 : 맞아. 이건 일본인에게 배웠어.

사   회 : 일본인은 그런 짓을 하지 않습니다.

김정은 수호령 : 아니야, 일본인 요리사가 가르쳐 줬어.

사   회 : 요리사요?

사 토 무 라 : 이건 미묘한 발언이군요.

김정은 수호령 : 복어 독 따위로 죽이는 방법을 가르쳐 줬거
든. 파티하는 법을 잘 지도해 줬다고 할 수 있
겠지.

사 토 무 라 : 아니, 그건 '복어 독으로 죽이는 방법' 이 아
니라 '복어 독으로 죽을 수도 있다' 는 것을
주의시킨 게 아닐까요?

김정은 수호령 : 아니 그게…… 모두 먹을 때는 '맛있어, 맛있
어' 한다고. 근데 먹고 나서 30분이나 한 시간

쯤 지나면 온몸에 경련이 일어나면서 죽는 거
야. 이건 심근경색과 매우 비슷하다고. 알겠
나?

사 토 무 라 : 그러니까 그런 살해 방법을 가르친 게 아니
라……

김정은 수호령 : 해부라도 해야 알 수 있을 걸?

사 토 무 라 : 어쨌든 그런 지식을 얻은 거군요.

김정은 수호령 : 그렇지. 그건 죽는 방법이 심근경색과 많이
비슷해.

사 토 무 라 : 하아.

김정은 수호령 : 그래서 심근경색으로 죽은 사람이 많은 거야.

84

한반도의
통일을 위해

♣ 시진핑과는
주파수를 맞출 수 있다

사   회 : 화제를 바꾸겠습니다. 중국과의 관계에서 앞
           으로 누구와 결탁해야 이롭다고 보십니까?

김정은 수호령 : 중국? 좀 버거워. 약간 나이차가 나는 것도 그
           렇고 그쪽도 ス도자한테 두터운 신뢰가 있어
           서 말이지. 으음, 이쪽에서 선택할 수 있을 형
           편이 아닌 것은 사실이야. 하지만 차기의 시
           진핑(習近平)이 굉장한 확장욕을 가진 것은 알
           고 있으니 이 사람과는 주파수를 맞출 수 있
           지 않을까 싶군.

사   회 : 주파수를 맞추고 싶다그요?

김정은 수호령 : 음. 맞출 수 있을 것 같은데? 그의 야망을 알
           고 있거든. ‘미군을 몰아내고 아시아를 지배
           하고 싶다’는 마음을 갖고 있어. 뭐 원나라가
           유럽까지 지배하고 아시아도 지배하면서 일

본까지 공격했을 때는 조선도 가담했으니까.
그런 형태로 협력해 줄 수 있는 체제를 만들
수 있으면 좋겠는데, 지금으로서는 심중을 충
분히 헤아리지 못하겠어.

사 　　　회 : 그때 당신은 북한이 어떤 입장에 서면 좋을
것 같습니까?

김정은 수호령 : 그야 뭐 남조선을 통일하는 거지. 그래야 하
고말고. 그러니까 중국이 미국을 몰아내고 대
중화제국을 만들어서 아시아, 아프리카를 지
배하고 일본을 굴복시켰을 때 물론 남조선은
우리가 지배하고 통치하게 될 거야.

♣ 한국의 대통령이 바뀔 시점이

하나의 전환점

사 　　　회 : 당신은 국제정세를 상당히 잘 알고 계시는데요,

그 타이밍이 언제쯤 올 거라고 보십니까?

김정은 수호령 : 글쎄, 일본은 이미 정치적으로는 말기 상태니

까. 오키나와에서 그런 소동이 일어나고 수상

이 1년도 채 못돼서 교체되니까 우리 눈에는

늘 혁명이 일어나는 것처럼 보인다고. 그러니

민주당 정권 시대에 일본이 항복하지 않겠어?

사   회 : 하지만 일본뿐만 아니라 한국도 존재하고 대

만 문제도 있잖아요. 그런 상황에서 행동을

일으키면 좋을 타이밍이 언제라고 보십니까?

김정은 수호령 : 으음, 글쎄. 일단 유교적 논리를 따르면 3년

상을 치러야 하니까 눈에 띄는 행동은 삼가야

해.

사   회 : 그럼 3년 동안은 미사일을 쏘거나 하지 않는

다는 뜻입니까?

김정은 수호령 : 아니, 그런 건 눈에 띄는 행동이 아니야.

사   회 : 내년은 북한으로서 기념할만한 해인데요, 그

런데도 상을 치릅니까?

김정은 수호령 : 그래서 준비를 잘 해야 한다니까. 그래서 지

금 일본에도 공작원을 꽤 보내놨지. 일본에서 미군을 쫓아내려고 중국과 북조선이 공동으로 공작하고 있지.

사　　　회 : 오키나와 등지에도 공작원이 많이 들어가 있습니까?

김정은 수호령 : 아아, 잔뜩 들어가 있지. 중국 공작원도 많지만 북조선 공작원도 들어가 있어. 그래서 미군이 가는 곳곳마다 '쫓아내기 작전'을 펼치고 있지. 다시 말하면 일본의 대미감정과 미국의 대일감정이 나빠지게끔 꾸미는 거야.

사　　　회 : 그 공작원들은 일본어로 말할 수 있습니까?

김정은 수호령 : 말할 수 있지. 그러니까 모국에 충성을 맹세하는 사람이 일본에 꽤 있고, 또 그런 사람들에게 선거권을 주려고 하는 고마운 정치가도 많이 있어서 말이야. 그쪽과 협동하려고는 하는데, 어쨌든 미국과 일본 사이를 나쁘게 만들고 남조선과 일본 사이도 악화시키려는 중이지. 지금 남조선이 때마침 종군위안부 문제

를 끄집어내서 잘 해 주고 있잖아.

사   회 : 그렇군요. 일본대사관 앞에 위안부상을 놓기
　　　도 합니다.

김정은 수호령 : 그 사람도 정말 끝까지 갔구먼. 하지만 남조
　　　선과 일본 사이가 나빠지는 것 고마운 일이
　　　야. 게다가 일본은 중국과도 사이가 나빠지려
　　　고 하니까 느낌이 좋아. 전부 분열시키고 싶
　　　어.

사   회 : 그러려면 당연히 군사적으로 좀 더 강화해야 할
　　　텐데요, 그건 요 1년 안에 일어날 일입니까? 아
　　　니면 좀 더 지난 후의 일입니까?

김정은 수호령 : 뭐, 남조선의 대통령이 바뀔 시점이 하나의
　　　전환점이지.

사   회 : 그 전환점에서 전략적으로 어떤 수를 쓸 생각
　　　입니까?

김정은 수호령 : 그러니까 전환점이라고 했잖아.

사   회 : 남하해서 뭔가를 하겠다는 건가요?

김정은 수호령 : 그렇지.

부국이 된다

사   회 : 그러나 상을 치러야 할 텐데요.

김정은 수호령 : 맞아. 상을 치르면서 해야지. 그러니까 나와
              는 관계없는 일이야. 상을 치르는 중이니까.

사 토 무 라 : 정체를 숨기고 하는 거군요.

김정은 수호령 : 그렇지. 나는 상중이지만……

사   회 :군부가 폭주한 것으로 치겠다?

김정은 수호령 : 글쎄. 폭주할 일이 있을까 모르겠네.

사   회 : 정말로 그런 전략을 취할 겁니까?

김정은 수호령 : 으음.

사   회 : 그렇지만 북한의 민중이 보면 '원래 상중에
              그런 일을 하는 건 이상하다' 고 여기지 않을
              까요?

김정은 수호령 : 상중이라도 약간의 행동은 필요하니까.

사   회 : 아아, 불만을 진압하기 위한 행동이라는 거

군요.

김정은 수호령 : 자네 말이야, 납치 문제라고 하는데 납치하는
숫자는 일본인보다도 남조선 사람이 많은 걸
알고 있나?

사 토 무 라 : 확실히 한국은 수백 몇 단위로 북한에 납치당
하고 있죠.

김정은 수호령 : 사실 남조선에서 좀 더 돈을 착취해야 해서
그래.

사   회 : 그 문제를 어떻게 해결하려고 하십니까?

김정은 수호령 : 해결 따위는 필요 없어. 우리는 돈이 필요할
뿐이니까.

츠   이   키 : 북한의 국내 경제를 발전, 번영시킨다는 발상
은 안 합니까? 외부에서 빼앗을 뿐인가요?

김정은 수호령 : 아니, 나는 남즈선을 통째로 취할 생각이야.

츠   이   키 : 북한 자체를 좀 더 자유화해서 비즈니스를 발
전시키려는 생각은 안 하십니까?

김정은 수호령 : 나는 말이야, 광개토왕의 환생인 것 같은 기
분이 들어. 그는 고구려의 왕이니까 지금의

북조선이지. 역시 북조선이 한반도를 통일해 서 일본을 해치우고 실컷 걷어차서 국민적 영 웅이 되는 거야.

츠　이　키 : 하지만 애당초 그만한 병참(兵站)을 갖추지 못 하는 게 아닙니까?

김정은 수호령 : 남조선을 취할 거니까 괜찮아.

사 토 무 라 : 아뇨, 광개토왕도 그렇고 청일, 러일전쟁 때 일본도 그랬지만, 먼저 해야 할 일이 '부국강 병, 식산흥업' 입니다.

김정은 수호령 : 남조선을 취하면 부국이 될 테니까 괜찮아.

♣ 북한이 한반도 통일을 이루면
중국도 반가워할 것이다

사　　　회 : 충고해 두겠는데요. 당신은 청일, 러일전쟁을 공 부해서 기습전법을 생각할지도 모르겠지만, 어쨌든 병참이 유지되지 않았습니다.

김정은 수호령 : 그래, 그래.

사   회 : 러일전쟁 때도 전쟁 도중에 강화(講和)하지 않으면 병참이 유지되지 않았습니다.

김정은 수호령 : 그러니까 남조선을 취하고 중국 사이에 껴서……

사   회 : 당신은 '제7함대까지 적으로 돌린다' 고 하지 않으셨습니까?

김정은 수호령 : 아니 그건 중국이 공격한 것으로 꾸밀 거니까……

사   회 : 당신 나라에는 애초에 병참이 없는 게 아닙니까?

김정은 수호령 : 아니, 병참이 없으니까 말이야, 이건 지금 우리가 예전의 일본과 똑같은 상황에 있는 거라고.

사   회 : 현지에서 조달하려고 하는 건가요?

김정은 수호령 : 뭐 조국 통일(남북통일)이라는 게 국민의 염원이니까.

사   회 : 염원이든 뭐든 간에 병참이 유지되지 않으면 불가능합니다.

김정은 수호령 : 중국은 앞으로 미국과의 대결에 직면하려고 하니까 북조선이 한반도를 통일해 준다면 중국도 매우 고마울 거야.

사   회 : 아마 당신들은 중국의 버린 말이 되지 않을까요.

김정은 수호령 : 버린 말이라니. 조선(한반도)을 통일해 주면 중국은 고마워할 거라니까.

츠   이   키 : 앞서 아버님은 '중국은 기회를 엿본다'고 하셨습니다.

김정은 수호령 : 미국은 눈엣가시가 한반도에 있어서 중국과 싸울 수 없는 상황이고, 일찍이 38선에서 휴전한 상태지 아직 전쟁이 끝난 게 아니니까 지금은 전쟁 중이라고. 잠시 쉬고 있을 뿐이지. 미국은 중국군을 이기지 못했으니까. 지금 미군이 남조선에 3만 명 정도 있나? 그걸 만 명 정도까지 줄이려고 하는 상태니까 벌써

목숨이 아까워서 도망치기 시작한 거지. 머지
않아 공격당하겠다 싶으니까 가족도 피난시
키는 약해빠진 모습을 보여 주고 있어.

패전과 맞먹는 효과가 있었다고 생각한다

사 토 무 라 : 아닙니다. 아까도 말했지만 올해 11월에 오바
　　　　　　마 대통령이 방침을 크게 전환한 것은 오히려
　　　　　　반대 방향이지, 어떤 의미에서 중국과 북한의
　　　　　　포위망을 강화한 겁니다. TPP(FTA)도 그 흐름
　　　　　　의 하나입니다.

김정은 수호령 : 그건 힐러리 다줌마가 불을 지핀 거야.

사 토 무 라 : 중국, 북한 포위망을 강화하는 계기가 된 것은
　　　　　　행복의 과학의 오오카와 총재가 아시아 미션으
　　　　　　로 중국과 이해가 깊은 나라에 가서서 설법하

신 것입니다. 이런 흐름을 당신은 수호령의 입
장에서 어떻게 보십니까?

김정은 수호령 : 으음, 당신들은 북조선과 같은 체질인 것 같
은데? 자기들이 하는 일을 굉장히 크게 선전
하고 있잖아?

사　　　　회 : 그렇다면 당신의 말씀이 꽤 크게 선전되고 있
는 거네요.

김정은 수호령 : 아니, 그럴 리 없어. 우리 조선 민족은 앵글로
색슨과 똑같아서 매사에 굉장히 확실히 말하
는데, 자네들 일본 민족은 무슨 말을 하는지
모르겠어.

사 토 무 라 : 우리는 조심스럽게 말해도 큰 성과가 나오고
있습니다.

김정은 수호령 : 적어도 동일본 대지진은 전쟁에서 패배한 것
과 맞먹을 정도의 효과가 있었지. 일본은 패
전국이야.

츠　이　키 : 아뇨, 전혀 끄떡없습니다. 오히려 엔고가 계
속되는 걸요.

김정은 수호령 : 일본은 패전국이야.

사 　　회 : 공식 발표는 없었지만 아까 당신이 '국내에
　　　　　　　서 여러 자연 재해가 있어서 식료품이 부족하
　　　　　　　다' 는 말을 하셨잖습니까?

김정은 수호령 : 그런 일은 언제든지 일어나는데 이전보다 크
　　　　　　　게 나빠지진 않았어.

츠 이 키 : 그건 이전 상황이 말할 수 없이 나빴기 때문
　　　　　　　이겠죠.

김정은 수호령 : 번영하는 곳이 당하면 큰일이지만, 이전에도
　　　　　　　별 볼일 없었으니까 뭐 피해라고 할 정도는
　　　　　　　아니지.

사 　　회 : 당신은 그렇게 생각할지 모르겠지만 민중은
　　　　　　　얼마나 비참한데요.

김정은 수호령 : 그러니까 그런 일이 계속되면 민중은 카리스
　　　　　　　마를 바라는 거야.

♣ 내가 지위에 있는 동안 한반도를
통일하여 일본 큐슈를 공격하고 싶다

사 토 무 라 : 앞서 말한 이야기로 돌아가겠습니다. 미국이 전혀 다른 전략으로 나오면 어쩌실 겁니까?

김정은 수호령 : 미국은 적자라서 속이 거의 보이는 엄포만 해 댈 뿐이야.

사 회 : 적자든 아니든 당신이 핵을 사용한 단계에서 미국도 핵을 사용할 가능성이 있습니다.

김정은 수호령 : 글쎄, 쓸 수 있을까? 지금 미국은 적자에다 선거도 있어서 겉만 번지르르하게 센 척할 뿐이잖아?

사 회 : 핵까지 사용하지 않더라도 그에 버금가는 무기를 투입할 것입니다.

김정은 수호령 : 당신네 일본인은 지혜가 정말 모자라군. 충고하겠는데, 핵무기를 가진 나라는 핵무기를 가지지 못한 나라와는 국제사회에서 전혀 다른

취급을 받는다고. 북조선이 핵무기를 한 개라
도 가진 단계에서 이미 당신네 나라보다도 국
력으로는 위야. 국제즈으로 중시되고 미국과
대등해지는 거지. 핵무기를 하나 떨어뜨리면
10만에서 20만 명이 죽어. 그건 대단하다고.
하지만 평범한 무기만 가진 곳은 그렇게 할
수 없어.

사   회 : 하지만 당신은 핵무기를 사용할 수 없죠?

김정은 수호령 : 갖고 있는 것만으로 다르다니까.

사 토 무 라 : 단지 그건 눈앞의 이야기이지, 핵무기를 많이
보유한 소련은 붕괴했잖습니까.

김정은 수호령 : 당신네 같은 티겁자는 핵무기조차 가질 수 없
으니까 몇 번을 말해도 UN상임이사국에 들
어가지 못하는 거야. 핵무기가 없는 놈은 상
대해 주지 않아. 용기가 없으니까. 우리같이
용기 있는 나라가 세계를 리드할 수 있다고.
내 시대에 7, 8천만의 조선(한반도)을 통일해
서 광개토왕처럼 왕성한 힘을 갖고 일본 큐슈

를 공격하러 갈 테니까 말이야.

♣ 매년 20발씩
핵무기를 만들 힘이 있다?

사   회 : 당신의 아버님은 당신의 그 강경한 성격이 걱
              정이라고 하셨습니다.

김정은 수호령 : 그래서 빨리 죽어 주지 않으면 내 활약 기간이
              짧아지잖아? 20대에서 80대까지 하면 오십 몇
              년은 해먹을 수 있을 테니까 그 동안에 일본의
              일부를 빼앗을 정도까지는 될 수 있겠지.

사   회 : '삼남은 너무 지나쳐서 적을 만들 사람이다'
              라고 말씀하셨습니다.

김정은 수호령 : 그건 뭐 소위 말하는 노파심이겠지. 치매가
              들었다는 증거야. 그래서 빨리 죽여야 했다
              고.

사   회 : 당신은 신중을 기하는 파는 아니군요.

김정은 수호령 : 신중파가 아니야. 나는 한 나라의 리더이자
             위기의 리더니까.

사   회 : 그러면 쉽게 적이 생기지 않습니까?

김정은 수호령 : 적이라고 할까, 내 그릇에 비해 나라가 너무
             작은 거지.

사   회 : 이른바 독재자군요.

김정은 수호령 : 독재자가 아니라 발전가라고. 내 그릇에 비해
             나라가 너무 작아. 나는 당신네 당수처럼 작
             은 당에서 만족할 수 있는 그릇과 차원이 달
             라.

츠   이   키 : 전혀 만족하지 않습니다. 앞으로 당을 크게
             키워 일본을 강하게 만들고 당신의 야망을 쳐
             부술 것입니다.

김정은 수호령 : 내 시대에 조선(한반도)을 통일해서 일본을 예
             전처럼 종으로 삼아줄 테니까 기다려.

츠   이   키 : 일본이 조선의 종이었던 역사는 없습니다. 그
             건 무리에요.

김정은 수호령 : 자네들 핵무기를 가진 나라에 이길 수 있다고 생각하나? 우리는 지금 매년 20발씩 핵무기를 만들 힘을 가졌어. 알아? 5년이 지나면 1백 발이야. 이젠 전혀 이길 적수가 없지. 정신 차려보면 핵무기 1백 발이 일본 열도를 향해 있을 거야. 자, 그때 노다 수상일지 누가 될지 모르겠지만 ‘no’ 라고 할 수 있겠어?

사　　　회 : 하지만 어디로 날아갈지 모르는 거죠?

김정은 수호령 : 그래도 일본 전국을 향해 쏘면 상관 없잖아?

사　　　회 : 중국으로 날아갈지도 모릅니다.

김정은 수호령 : 중국은 아니야. 자네 말이야, 그렇게까지 형편 없지 않다고. 하와이까지 날아갈지는 좀 걱정이지만. 미국은 일단 두려워하고 있어. ‘하와이도 노릴 수 있다’ 는 것을 걱정하고 있지. 만일 명중하면 곤란할 테니까. 뭐 쏴보지 않고는 알 수 없지만.

사　　　회 : 만약 알래스카로 날아가면 어떻게 할 겁니까?

김정은 수호령 : 알래스카까지 날아갈지는 모르겠지만, 미국

　　　　　　은 하와이를 걱정하지. 게다가 괌도 걱정이겠
　　　　　　군. 괌이나 하와이로 도망쳐도 북조선의 핵미
　　　　　　사일이 갑자기 날아오면……

사　　　회 : 되든 안 되는 미국에 선제공격을 가할 겁니
　　　　　　까?

김정은 수호령 : 가능성은 있지. 독립기념일은 대통령 부서부
　　　　　　터 전부 쉬니까.

사　　　회 : 진주만 공격처럼 불시에 기습을 하면 그 후에
　　　　　　큰일이 날 겁니다.

김정은 수호령 : 하지만 우리는 미사일을 쏴도 '하지 않았다'
　　　　　　고 계속 말할 거라서.

사　　　회 : 미국은 그런 행동을 용서하지 않을 겁니다.

김정은 수호령 : 아니, 할 수 있어. 할 수 있다고. 알 수가 없거
　　　　　　든. 왜냐면 지금까지 전부 부정하고 있잖아?
　　　　　　남조선의 초계함이 침몰해도 '북조선이 했다'
　　　　　　고 모두가 의심할 뿐이지 증거 따위가 없잖아.

츠　이　키 : 침몰시킨 것은 북한이라고 단정 짓고 있습니
　　　　　　다.

김정은 수호령 : 포격하면 어디에서 쐈는지 알 수 있겠지.

사 토 무 라 : 그럼 시험 삼아 미국의 초계함을 가라앉혀 보
세요.

김정은 수호령 : 생각해 보지. 하지만 다른 나라가 한 것처럼
보여야 해. ‘중국이 침몰시켰을지 모른다’ 는
혐의를 남기면 국내 평판이 올라갈 테니까 말
이야.

한반도의
통일을 위해

05

2012년은
마지막 해가 될 것인가

권력을 장악한 증거

사　　　　회 : 마지막으로 정리하겠는데요, 우선 당신이 행동하려고 하는 시점은 언제입니까?

김정은 수호령 : 권력을 장악했으니까 일단 이걸 국제적으로 인정받을 필요가 있어.

사　　　　회 : 앞서 상중(喪中)이라고 하셨는데 언제까지 참을 수 있습니까?

김정은 수호령 : 3년 동안은 상을 치를 거야.

츠　　이　　키 : 그건 형식적일 뿐이죠?

김정은 수호령 : 상중인 것과 행동은 별개니까 나는 명령만 하면 돼.

사　　　　회 : 그럼 당신은 언제쯤 행동을 일으킬 생각입니까?

김정은 수호령 : 그러니까 3년 동안은 상을 치를 거라니까.

사 토 무 라 : 언제 행동을 일으킬 겁니까?

김정은 수호령 : 행동은 내일이라도 당장 일으킬 거야.

사   회 : 아니, 내일은 무리잖아요.

김정은 수호령 : 언제든지 일으킬 수 있어. 왜냐면 아버지가
       죽은 날에 미사일을 쐈으니까.

사   회 : 하지만 당신……

김정은 수호령 : '아버지가 죽은 날에 미사일을 쐈다' 는 게 무
       슨 의미인지 알기나 해? 그건 '김정일이 지령
       을 내리지 않아도 미사일을 쏠 수 있다' 는 의
       미라고. 그리고 누가 명령을 하는지 국민들은
       모두 알고 있어. 요컨대 국민들은 이걸로 '내
       가 미사일을 쐈다' 는 것을 안 거야.

사   회 : 알겠습니다.

김정은 수호령 : 그러니까 '내가 명령하면 쏠 수 있다' 는 건
       이미 알고 있어.

사   회 : 미사일 정도는 쏠 수 있겠지만, 내일 어딘가
       를 공격할 만한 태세를 벌써 갖추고 있습니
       까?

김정은 수호령 : 지금 중국이 우리 쪽에서 넘어간 탈주병을 막

으려고 군대를 2천 명쯤 늘리는 모양이야. 뭐 저쪽은 적이자 아군인 곳이니까. 우리 쪽에서 사람들이 잔뜩 몰려드는 게 싫어서 그러겠지만, 미국이 북조선을 공격하면 중국군은 아군이 되어줄 걸로 나는 생각해. 최종적으로는 북조선에 핵므기가 존재하는 게 공연한 사실이 된 단계에서 이미 미국은 우리를 공격할 수 없어. 게다가 미국까지 공격할 수 없다고 해도 '핵무기를 보유한다' 는 것은 적어도 '우리에게는 남조선 인민을 몰살시킬 힘이 있다' 는 것을 의미하지.

사   회 : 언제쯤 그것을 공연한 사실로 만들 예정입니까?

김정은 수호령 : 으음, 글쎄. 그건 주위 태도에도 따르겠지만. 주위의 취급이나 보도, 일본의 태도 등에도 달렸지. 일본이 부친의 장례비 정도를 헌금해 준다면 좋겠지만 말이야. 그렇지 않으면 어선이 수상하게 침몰하는 식의 사건을 잔뜩 일으

킬지도 모르지.

♣ 러시아가
북한으로 남하해 오는 것은 곤란하다

사   회 : 북한의 가상 적국은 구체적으로 어디입니까?

김정은 수호령 : 물론 남조선, 일본, 미국이지.

사   회 : 그럼 아군은 어느 나라입니까?

김정은 수호령 : 아군은 일단 중국이 되겠지만.

사   회 : 러시아는요?

김정은 수호령 : 러시아와는 아직 충분히 연결되지는 않았지만, 현재 약간 접근 중이야. 지금 중국의 전략으로는 러시아, 파키스탄, 스리랑카, 이란, 그리고 아프리카를 전부 연결하려고 하기 때문에 그와 같은 방침을 정하고 있어.

츠   이   키 : 러시아는 북한에 핵개발을 그만두라고 하지 않았던가요?

김정은 수호령 : 자기네 핵무기가 남아돌고 처치 곤란이라서 그렇지. 러시아는 푸틴이 이제 곧 초라한 '최후'를 맞이할 것 같은 느낌이 들어서……

사　　　회 : 왜 그렇게 생각하시죠?

김정은 수호령 : 약해졌잖아.

사 토 무 라 : '선거는' 그렇죠.

사　　　회 : 만일 러시아와 일본 사이가 좋아지면 어떻게 될 것 같습니까?

김정은 수호령 : 북방 영토 문제가 반드시 걸리니 러시아와 일본 사이가 좋아질 수는 없어.

사　　　회 : 그 점을 무시하면 사이가 좋아질지도 모릅니다.

김정은 수호령 : 북방 영토 문제가 있는 한, 러시아가 일본 편을 들어줄 리가 없으니까, 우리와 적수가 될 수 없어. 반대로 우리가 러시아에 다가갈 가능성은 있지. 그래서 러시아와 이해관계를 같이 할 수 있으면 감사하겠군. 중국은 미국과

싸우게 되면 절대적으로 러시아와 접근할 테니까 그 때 함께 침입할 수가 있겠지. 그렇게 3국 동맹을 맺으면 좋겠는데?

사 토 무 라 : 하지만 러시아와 일본의 공통 이해가 사실은 현재 '중국, 북한' 이라는 나라로 인해 발생한 겁니다.

김정은 수호령 : 으음.

사 토 무 라 : 만일 푸틴 대통령이 탄생하면 일본과 러시아는 접근할 가능성이 있습니다.

김정은 수호령 : 푸틴 말이지. 공작원을 러시아에도 보냈지만 말이야. 뭐 역시 러시아가 남하해 오면 좀 곤란하겠군. 지금 러시아가 남하해 오면 어디에서 막을까, 으음, 막을 곳이 없을지도 모르겠는데(쓴웃음).

사 토 무 라 : 없네요.

김정은 수호령 : 만약 러시아가 북조선으로 남하해 오면 막을 곳이 없어서 좀 곤란하겠는 걸. 이건 주의해야겠군.

사 토 무 라 : 상황이 힘겨워질 겁니다.

김정은 수호령 : 러시아를 핵무기로 위협해도 저쪽도 끄떡없
으니까.

사 토 무 라 : 태연하게 사용하겠네요.

김정은 수호령 : 러시아도 핵무기가 남아돌아서 처리하고 싶
어 미칠 테니까 위협하기 힘든 나라이기는 하
지. 경제 상태는 그쪽도 나쁜 것 같지만 말이
야. 으음. 러시아의 남하는 좀 곤란한데. 이건
어떻게든 해야겠군.

사 토 무 라 : 사실 일본의 선택지 중에는 러시아와 손을 잡
는 방법도 있습니다.

김정은 수호령 : 그건 좀 곤란해. 러시아가 남하하면 우리의
대외 전략이 상당히 엉망이 되니까 러시아는
철저히 미국, 일본과 대결했으면 좋겠군.

비공식적으로 만났다

츠 이 키 : 같은 말을 반복할지도 모르겠는데요, 중국과
의 관계에 대해 묻겠습니다. 앞에서도 아버님
에게 물어봤지만 '북미 전쟁이 일어났을 때
중국은 완전히 북한을 지원하여 인민해방군
을 보내 줄 것이다' 라는 조약이 존재합니까?

김정은 수호령 : 아직 휴전상태잖아. 전쟁이 끝난 게 아니라
고.

츠 이 키 : 그렇지만 앞서 아버님의 발언으로 보면 중국
이 자기 나라를 희생해서까지 북한을 지키려
고 하지는 않는 것 같은데요.

김정은 수호령 : 그야 미국과 중국의 무역 액수가 크니까 그렇
지. 이 방면의 손익계산에서 저쪽이 북조선을
잘라내는 게 이득이라고 판단했을 때는 약간
위험하기는 하지만, 차기 지도자인 시진핑은

그럴 성격은 아닌 것 같아.

츠   이   키 : 시진핑 씨와는 직접 대화를 나눴습니까?

김정은 수호령 : 뭐 만난 적은 있지.

츠   이   키 : 만나셨다고요?

김정은 수호령 : 비공식적이었지. 당신은 '시진핑 씨의 전생
이 칭기즈칸'이라고 했다는데(《세계 황제를
노리는 남자》: 행복실현당 간행 참조), 지금 칭기
즈칸과 '광개토왕'이 중국과 북조선에 동시
에 나타났으니까 앞으로 영웅들의 시대가
시작될 거야.

츠   이   키 : 당신은 광개토왕으로 인정받은 게 아닙니다.

김정은 수호령 : 세계사는 근본부터 뒤집힐 거야.

♣ 김정은의 전생은
2차 대전 전 만주에서 태어난 조선인

사 토 무 라 : 지난 번 영언에서 당신이 '내 전생은 광개토
왕이다' 라고 했더니 장내에서 실소가 터져
나오는 걸 보고 '역시, 거짓말인지 눈치챘군'
이라고 하셨잖아요. 그러니 당신은 광개토왕
이 아닌 거죠?

김정은 수호령 : 아니 광개토왕이 되고 싶어서.

츠 이 키 : 단순한 동경입니다.

사 토 무 라 : 지난 번 영언에서는 분명 '만주에 있었고 일
본군에게 살해당했다' 고 하셨는데요.

김정은 수호령 : 아니, 최근에는 '지구의 신' 인 것 같아.

츠 이 키 : 그건 불가능합니다.

사 토 무 라 : 일본에 대한 원한이 있는 것은 전생에 일본인
에게 살해당했기 때문입니까?

김정은 수호령 : 위험한 질문을 하는군. '지구의 신' 에게 그런

질문은 그만두게.

사 토 무 라 : 아뇨, 지구의 신이 아닙니다.

김정은 수호령 : '우주의 신' 인가?

사 토 무 라 : 그것도 아닙니다. 근데 북한에서는 신앙을 인
정하지 않잖아요?

김정은 수호령 : 아니 북조선의 최고지도자는 정치가이기도
하지만 종교지도자이기도 해. 주체사상이 일
종의 종교지.

사 토 무 라 : 지금은 주체사상에 대한 이야기는 사양하겠
습니다. 요컨대 메이지, 다이쇼, 쇼와 중 어느
시대에 일본군의 도략으로 살해당한 겁니까?

김정은 수호령 : 으음……

사 　 　 　 회 : 장쭤린(張作霖)입니까?

김정은 수호령 : (쓴웃음) 자네들, 그런 말을 내가 할 리가 없잖
아.

사 토 무 라 : 왜 말할 수 없습니까?

김정은 수호령 : 굳이 말하면 좀 더 거물로 해야 재미있으니
까.

츠   이   키 : 사실대로 말해야 합니다.

김정은 수호령 : 역시 당나라라든가 중국 역사의 세력이 강했

　　　　　　　던 나라를 이렇게……

사　　　　　회 : 아니, 메이지 무렵이라니까요.

김정은 수호령 : 왠지 수양제였던 거 같은데.

사 토 무 라 : 양제? 아니에요, 그렇지 않습니다.

김정은 수호령 : 아니야? 이것도 안 먹히는군.

사 토 무 라 : 일본인은 양제를 죽이지 않았으니까요.

김정은 수호령 : 못 속이겠네. 어쨌든 난폭하면서 중국을 통일

　　　　　　　한 사람의 환생으로 하고 싶군.

사 토 무 라 : 장쭤린에 가깝지 않습니까?

김정은 수호령 : 장쭤린은 뭔가 별로 폼이 안 나잖아?

사 토 무 라 : 아뇨, 마적단 두목이라 나는 매우 좋아합니

　　　　　　　다.

김정은 수호령 : 살해당하지 않았나?

사 토 무 라 : 네, 그렇습니다. 일반적으로는 일본군의 모략

　　　　　　　이라고 합니다.

사　　　　　회 : 당신은 지난 번 영언에서 '일본군에게 살해

당했다' 고 하셨잖습니까?

김정은 수호령 : 그 기록이 남아 있나(혀를 찬다)?

사 토 무 라 : 남아 있습니다. '한창 자는 중에 습격당했다'
고 하셨습니다.

김정은 수호령 : 그때는 아직 권력을 장악하지 못했으니까.

사　　　회 : 인생은 다양하니까요. 솔직히 말씀하시는 게
앞으로의 세계 역사에 남을 겁니다.

김정은 수호령 : 일본은 한반도에서 나쁜 짓을 심하게 저질렀
으니까, 진짜로.

사 토 무 라 : 혹시 직전의 전생이 여성이었던 건 아닙니까?

김정은 수호령 : 그럴 리가 없어. 그럴 리는 없지만……

사　　　회 : 지금 열심히 광개토왕이라고 우기셨지만, 사
실은 이름이 남아 있지 않은 거죠?

김정은 수호령 : 자네들이 무지해서 조선인의 이름 따위는 모
를 테니 말해도 소용이 없지 않나.

사　　　회 : 전생도 조선인이었군요.

김정은 수호령 : 으음. 뭐 그런가 보지.

사　　　회 : 만주는 아니었군요.

김정은 수호령 : 만주도 '조선'이야.

사 토 무 라 : '만주도 조선이다'라는 말은 꽤 넓은 개념인
데요, 이씨 조선의 마지막 분들과 이어져 있
는 게 아닌가요?

김정은 수호령 : 자네들 종교에 협력할 마음은 추호도 없어.

사   회 : 하지만 지금까지 중국과 북한 지도자의 수호
령을 몇 분이나 초령했는데요, 자신을 수호령
이라고 인식한 것은 당신과 시진핑 씨뿐입니
다.

김정은 수호령 : 위대한 걸 알겠지? 그러니까 광개토왕이라는
거야. 아하하하.

사 토 무 라 : 아니, 아닙니다.

김정은 수호령 : 안 믿어? 빌어먹을. 너희들이 날 광개토왕이
라고 인정하고 발표해 주면 약간은 협력해 주
지.

사   회 : 아니, 그건 절대로 안 됩니다.

김정은 수호령 : 너희들이 방북단을 편성할 때 우리가 관대히
응해 주지.

사   회 : 당신과 손을 잡을 생각은 추호도 없습니다.

김정은 수호령 : 돼지로 만든 요리도 내주고 자네들에게는 특
                제 복요리를 주겠네.

사   회 : 아아, '그걸로 죽이겠다' 는 겁니까?

김정은 수호령 : 심근경색.

사   회 : 요컨대 자신이 수호령이라고 인식한다면 전
                생쯤은 알 수 있을 텐데요?

김정은 수호령 : 세상에는 비밀도 많고, 신은 이름을 쉽사리
                말해 주지 않는다고.

사   회 : 그럼 오늘은 이쯤에서 끝내기로 하겠습니다.

사 토 무 라 : 그래요. 알겠습니다.

♣ 2012년은 일본에게
지옥의 해가 될 것이다?

김정은 수호령 : 뭐 2012년은 일본에게 지옥 같은 해가 될 테

니까 유의하도록 해. 일본 난민이 북조선으로 많이 올 것 같아서 참을 수가 없군. 지금 내 머릿속은 '그걸 어떻게 연안에서 막을까' 하는 생각으로 가득 찼다고.

츠 이 키 : 그건 반대가 아닐까요? 한반도가 혼란해져서 일본으로 난민이 계속해서 올 것 같네요.

사 회 : 적어도 북한으로는 도망가지 않을 겁니다.

김정은 수호령 : 아니, 지상 낙원이라니까.

사 토 무 라 : 그런 건 아무도 안 믿습니다. 그걸 믿는 사람이 있었던 건 벌써 40년도 지난 일입니다.

김정은 수호령 : 자네들을 노동력으로 받아들일 체제를 만들려고 지금 일본어 교육도 좀 하고 있지.

사 회 : 당신 나라 이외에도 도망갈 나라는 많아요.

김정은 수호령 : 자네(사토무라), 변장하면 김정일의 대역이 될 수 있겠는데?

사 토 무 라 : (쓴웃음) 아뇨, 됐습니다. 이전에 마오쩌둥을 닮았다고 들은 적은 있지만요.

김정은 수호령 : 그래? 누구든지 변신할 수 있나보네.

사 토 무 라 : 나는 아무래도 좋습니다.

사　　　회 : 이 사람을 그만 괴롭히세요(장내 웃음). 더 이
상 질문이 없으므로 이쯤에서 끝내겠습니다.

김정은 수호령 : 하지만 2012년은 일본에게 최후의 해야. 이젠
일본도 끝장났군.

사　　　회 : 그건 당신이 정할 문제가 아닙니다.

츠　이　키 : 당신이 멋대로 말하는 것일 뿐입니다.

김정은 수호령 : 노다가 마지막 총리대신이야. 천황도 총리대
신도 내년이면 이미 최후를 맞이할지도 모르
겠군.

사　　　회 : 당신은 예언자가 아니니까……

김정은 수호령 : 일본은 마야와 똑같아. 벌써 최후의 해를 맞
이했으니까.

사　　　회 : 하지만 당신도 '슬슬 자신의 마지막 해가 오
고 있다'고 생각하는 게 좋을 겁니다.

츠　이　키 : 마지막이 되는 건 북한이 빠르지 않을까요?
국민들의 불만이 많이 쌓여 있어서 금방 체제
변경에 직면하게 될 겁니다.

김정은 수호령 : 핵무기까지 갖고 있으니 쉽사리 당하진 않아.

사   회 : 혁명이든 뭐든 일어나서 죽게 되면 행복의 과
학 지원령단(支援靈團 : 지원해 주는 영들의 단체)
에 기도해 주세요.

김정은 수호령 : 뭐? 왜 내가 지원령단에 기도를 해야 하지? 목
숨을 구걸하는 건 그쪽이겠지.

사   회 : 당신(김정은)은 이 상태로는 아래(지옥)로 떨어
질 겁니다. 이 세상만 있는 게 아니니까요.

♣ 핵무기는
미국이 공격할 수 없는 곳에 숨겼다

김정은 수호령 : 사실대로 말하면 핵무기는 이미 미국이나 유
럽이 생각하는 것보다 훨씬 많이 있어. 그래
서 미국이 상공에서 공격해올 것을 알기 때문
에 미국이 공격하지 못하는 곳에 확실히 격납

해 뒀지. 그러니까 괜찮아. 미국에서 봤을 때
반대쪽인 중국 쪽 산어서 공격해야 하는 곳에
숨겨 뒀다고.

사   회 : 하지만 20발 정도죠?

김정은 수호령 : 그 정도가 아니라고. 해마다 늘리고 있으니까
그럴 리 없어.

사   회 : 벌써 40~50발까지 늘렸습니까?

김정은 수호령 : 해마다 늘리고 있으니까 좀 더……

츠   이   키 : 하지만 미극은 핵므기보다도 당신이 있는 곳
을 직접 핀 포인트로 공격할 텐데요.

김정은 수호령 : 나를?

사   회 : 아버님은 당신에게 ‘경계심이 부족하다’ 고
하셨습니다.

김정은 수호령 : 지금 나한테 필요한 건 ‘씨받이’ 라고. 어쨌든
분신을 닳이 만들어둬야 해.

츠   이   키 : 덧붙이자면 결혼은 하셨습니까?

김정은 수호령 : 어? 그건……

사   회 : ‘씨받이’ 를 할 정도니까 결혼하셨을 것 같은

데요.

김정은 수호령 : 여자는 많아.

츠　이　키 : 아아, 그런가요?

사　　　회 : 한창 자는 중에 습격당한다는 '업보'가 있으
니 이번 생에도 잘 때를 조심하십시오.

김정은 수호령 : 지금 조금이나마 용감한 모습을 보여 줘야 하
는 부분이겠군.

사　　　회 : 알겠습니다. 어쨌든 오늘은 감사합니다.

김정은 수호령 : 자네들은 이제 이걸로 2012년은 해를 넘기지
못하게 되었군.

사　　　회 : 네, 네.

김정은 수호령 : 자네들에겐 최후의 해야. 일본 역사는 내년으
로 끝날 거야. 2012년이 일본의 최후의 해가
될 테니까 모두 북조선을 향해 오체투지(五體
投地)를 해서 사죄하며 죽어가라고. 그것이 일
본 최후의……

츠　이　키 : 당신이야말로 북한의 인민에게 사죄하고 그
들을 자유롭게 해줘야 합니다.

김정은 수호령 : 어째서? 우리는 나쁜 짓을 당한 적은 있어도
한 적은 없어.

사   회 : 그게 아니라요. 지금 당신이 북한의 인민에게
나쁜 짓을 하고 있다고요.

김정은 수호령 : 안 했다니까. 일본의 전쟁 전 통치 정책이 나
빴기 때문에……

츠   이   키 : 그건 이미 옛날이야기입니다.

사 토 무 라 : 벌써 70년 가까이 흘렀다고요.

사   회 : 어쨌든 오늘은 매우 감사합니다.

츠   이   키 : 감사합니다.

김정은 수호령 : 으음(혀를 찬다).

06

북한의 종말이
시작되었다

북한을 해방시킬 수 있다

오오카와 류우호오 : 으음, 잘도 지껄이는군요. 어떻게 봅니까?

사　　　회 : 기가 셌지만 도중에 뭔가 자기 무덤을 파는 타입인 것 같습니다.

사　토　무　라 : 병참을 생각하지 않고 폭발할지도 모를 위험성을 약간 느꼈습니다.

오오카와 류우호오 : 굉장히 우쭐대고 있군요. 스위스로 유학 가서 유럽을 봤기 때문에 국제 정세를 아는 것 같고, 핵무기를 보유한 것에 대한 자신감이랄까, '한국인 정도는 간단히 죽일 수 있다'는 자신감이 있네요. 단지 북한에서 '일본에 핵미사일을 쏘겠다. 10분이면 날아간다' 그 한다면 일본은 막을 수 없습니다. 게다가 일본 민주당은 방위비

를 삭감하고 있어서 일본의 방위체제는 약해질 것 같고요. 따라서 그는 지금 '일본과 한국을 담보로 해서, 혹은 인질로 삼아 뭘 할 수 있을까'를 생각 중이네요. 또한 중국이 패권주의를 취하면 중국과 협동할 수도 있을 거라고 여기는 것 같은데, 앞으로 그것을 실제로 할 수 있느냐가 관건입니다. 그는 국제정세를 알고 있고, 외교를 할 수 있다고 생각해서……

사　　　회 : 그렇지만 북한이 중국의 속국이랄까, 일개 자치구가 될 가능성도 있습니다.

오오카와 류우호오 : 그 가능성도 있군요. 중국에 원조를 구하면 단번에 점령당할 가능성도 있겠지요. 중국은 미국채를 갖고 있고, 달러도 열심히 모으고 있습니다. 또 일본과 미국은 중국에게 큰 무역상대국이며 지금은 경제 쪽에서 어떻게든 체제를 유지하고 있기 때문에 중국이 어디까지 북한을 보살필

지 미지수입니다. 하지만 제 인상으로는 김정일이나 김정은 수호령의 생각과는 달리 '남북한의 통일이 가까워졌다'고 봅니다. 덧붙여 케네디가 베를린 장벽을 무너뜨리라고 말한 게 1960년대이고, 실제로 무너진 것은 약 25년 후인 1989년입니다. 또 레이건 대통령(당시)이 베를린 연설을 하며 케네디를 언급하면서 '고르바초프, 이 벽을 무너뜨리시오'라고 한 지 2년 후에 베를린 장벽이 무너졌습니다. 내 예상으로는 2012년이 북한이 붕괴되는 해일지도 모릅니다. 북한을 붕괴시킨다면 2012년이 기회입니다.

츠 이 키 : 그렇군요. 반대로 그 시기를 놓치면 중국과 하나가 되어 위험성이 높아질지도 모릅니다.

오오카와 류우호오 : 한미일이 협동하여 중국과 러시아 포섭까지 성공해서 내년에 '핵무기를 몰수하

자' 고 하면 북한을 해방시킬 수 있을 것입니다. 군사적 압력을 가해 핵무기를 거론해야 합니다. 핵무장을 해제해야 북한이 서방진영에 들어갈 수 있습니다. 그런 후에 남북이 통일해야 합니다. 따라서 판문점의 최후가 다가오고 있다고 해도 좋을 것입니다. 베를린 장벽에 이어 판문점이 무너져야 냉전은 끝납니다. 그 다음으로는 중국도 자유화시켜야 합니다. 2012년은 그 시작의 해가 되리라 봅니다. 그리고 2020년까지는 중국까지 완전히 해방시키고 싶습니다. 그것이 내 생각입니다. 결과적으로 그들의 생각과는 정반대가 아닐까요?이것은 지력전(知力戰)이지만요.

사 회 : 그 의미에서는 이번 세대교체가 좋은 방향으로 전환할 가능성이 있다는 것인가요?

오오카와 류우호오 : 3대째로 끝날 겁니다.

사   회 : 네.

오오카와 류우호오 : 아마 3대째로 끝날 것이고, 끝내야만 합
니다.

♣ 김정일의 사망을
북한을 붕괴시킬 기회로 보는 미국

츠   이   키 : 일본으로서는 미국을 설득해서 '공동으
로 북한에 압력을 가하는' 전략을 취할
필요가 있습니다.

오오카와 류우호오 : 미국도 전략은 짜고 있을 겁니다.

츠   이   키 : 그렇습니까?

오오카와 류우호오 : 물론입니다. 그 전략의 성공은 일본이 그
전략에 동조할 수 있는 정권을 만들 수 있
는지의 여부에 달렸습니다. 다만 노다 수
상의 역량으로는 부족하겠죠.

츠 　 이 　 키 : 무리일 것 같습니다.

오오카와 류우호오 : 나머지는 이번 미국 대통령 선거에서 공
화당이 정권을 되찾을 수 있을지의 여부
에도 달려 있습니다. 뭐 힐러리 국무장관
이 지금 중국에 강경한 자세로 나오고 있
는 것은 '민주당에서도 할 수 있다' 는 것
을 보여 주려는 것입니다. 덧붙여 미국에
서는 민주당 정권일 때 전쟁이 잘 일어납
니다.

츠 　 이 　 키 : 그렇군요. 잘 일어나죠.

오오카와 류우호오 : 그래서 어떻게 될지는 모르겠군요. 오바
마 대통령이 의외로 전쟁을 일으킬지도
몰라요. 쿠바가 위기일 때 케네디는 민주
당이었습니다. 제2차 세계대전일 때 루즈
벨트도 민주당이었고요. 이렇게 미국에
서는 의외로 민주당 정권일 때 전쟁이나
분쟁이 일어납니다. '전쟁은 하지 않겠
다' 고 하면서 결국 전쟁을 하는 거죠. 계

속 참다가 결국 못 참게 되면 미국 같은 나라가 나타나 난폭한 골목대장처럼 되는 겁니다. 참았던 게 터져 나오는 거죠. 오바마 대통령도 노벨평화상을 이미 받았기 때문에 '이제 됐겠지' 하면서 전쟁을 일으킬지도 모릅니다. 그는 의외로 전쟁에도 강한 것 같습니다. 물러나는 것처럼 보이면서 순서를 정리하고 있으니까요. 그래서 현재 '이라크는 정리가 끝났다'고 하는 이상 다음 문제에 착수하려고 들겠지요. 하나씩 처리하는 것 같습니다. 아마 최근 이라크와 북한 중 어느 쪽을 먼저 칠까 우선순위를 정하기 어려웠겠지만, 이번 김정일의 사망으로 북한으로 우선순위가 이동할 가능성이 높아졌습니다. 미국은 이것을 기회로 보고 있겠지요.

사　　　회 : 아아. 이번 건으로……

오오카와 류우호오 : 기회지요. 무너뜨린다면 북한일 겁니다.

돈을 아끼면서 무너뜨릴 가능성이 있습니다. 김정은을 노리거나 아니면 핵시설을 단번에 쳐부수거나 둘 중의 하나죠. 따라서 지금 CIA는 내부 정보를 모아서 '김정은을 살해할 경우 북한은 핵미사일을 쏠 수 있을까. 아니면 군부만으로도 쏠 수 있을까'를 확인하고 있을 것입니다. 미국 대통령의 경우 항상 비밀 경호원이 핵 버튼이 들어 있는 20kg이나 되는 가방을 갖고 동행합니다. 이전에 TV에서던가 부시가 그 가방을 가진 비밀 경호원과 함께 해변에서 조깅하는 모습을 본 적이 있는데요, 비밀 경호원은 힘들겠어요. 한편 북한은 아마 그런 상황은 아닐 겁니다. 지금 CIA는 그 부근의 상황을 조사하고 있을 겁니다. '만약 김정은을 죽이면 북한은 핵미사일을 쏠 수 없다'고 한다면 김정은 살해 계획에 착수할 것입니다. 혹은 '김정은을 죽여도 쏠 수 있다’고 한다면 ‘어느 층 간부까지 죽이면 쏠 수 없게 되는가’를 철저히 조사하겠지요. 지금 CIA는 절대적으로 그 대상을 좁히고 있을 것입니다. 그 결론은 아마 한 달 이내에는 나올 테니까 2012년, 북한의 대변혁이 시작되겠군요. 미국은 분명 북한의 핵무기를 모조리 쓸어버릴 것입니다. 북한의 핵은 많으면 1백 기일 것이고, 적게 예측하면 한두 개입니다. 뒤 20기 정도는 있을지도 모르겠지만, 미극이라면 핵무기 처리쯤은 식은 죽 먹기일 것입니다. 게다가 지금 중국이 경제 파탄을 일으키고 있어서 경제 원조와의 교환으로 중국을 포섭할 가능성이 약간 있습니다. 어찌되었든 미국이 손을 쓴다면 2012년이겠지요.

사   회 : 중국의 주석이 바뀌기 전에 손을 써야 할까요?

오오카와 류우호오 : 그건 모르겠지만 가능하면 2012년에 단
번에 실행할 겁니다. 핵무기를 제거하지
않는 한 위협은 사라지지 않기 때문에 이
것을 제거하러 들어가겠지요. 오바마 대
통령은 '예산 문제 때문에 이란과 북한을
동시에 처리하기는 불가능하므로 어느
쪽을 먼저 정리할까' 망설이고 있었겠지
만, 김정일의 사망으로 예산적으로는 북
한의 우선순위가 올라갔다고 봐도 좋을
겁니다.

사   회 : 그렇군요. '이토록 기가 센 아들이 있다'
는 것도 생각하면 우선순위는 올라갈 겁
니다.

오오카와 류우호오 : 김정은은 부친이 죽자마자 미사일을 쏘
고 그 이틀 뒤 사망을 발표한 날에 또 다
시 미사일을 쐈는데, 이 성격으로 보면 자
신을 '위대한 지도자' 로 열심히 선전하
는 겁니다. 그 중에 한국이나 일본 사이에

서 어선고 초계함을 가라앉히거나 포격
을 가하기도 할 것 같습니다. 그 점을 이
용해서 미국은 북한 문제를 해결하려고
나설지 도르겠군요.

사   회 : 그렇군요.

슬슬 전쟁이 필요한 시기

오오카와 류우호오 : 지금 미국은 UN을 전혀 신용하지 않아서
독자적으로 판단하고 큰일을 일으키는
것 같습니다. 그렇게 하면 오키나와 이외
의 재일 미군기지 철거운동은 멈출 것입
니다. 그 의미에서 미국에게도 사건이 필
요합니다.

사   회 : 기지 이전(移轉)을 위한 쓸데없는 예산도

필요 없어지겠네요.

오오카와 류우호오 : 그렇습니다. 게다가 무기, 탄약을 소비하면 제조업이 활성화해서 불황에서 탈출할 수 있습니다. 미국은 한국전쟁 때도 불황에서 탈출했고 세계대공황을 겪은 후에도 제2차 세계대전으로 불황에서 탈출했기 때문에 슬슬 전쟁이 필요한 때지요.

츠　이　키 : 그렇겠군요.

오오카와 류우호오 : 지금 전쟁이 필요한 이유는 전쟁이 일어나면 미국의 경기가 회복해서 미국의 도산(재정파탄)을 막을 수 있기 때문입니다. '어디에서 전쟁을 하면 가장 피해가 적고 미국 경제가 확대되어 이익이 많아질까. 또 세계적으로 칭찬을 받을 수 있을까' 분명 계산하고 있을 겁니다.

사　회 : 북한을 처리하는 것은 중국에게 경고를 보내는 셈이군요.

오오카와 류우호오 : 맞습니다. 그래서 시진핑 씨가 세계 전략

에 적극적으로 나서기 전에 중국을 방해
할 필요가 있습니다. 그렇다면 2012년이
기회일 것입니다.

사   회 : 기회겠네요.

오오카와 류우호오 : 게다가 오바마 대통령이나 민주당의 지
지율도 올라갈 겁니다.

사   회 : 그렇군요.

오오카와 류우호오 : 그래서 '어떻게 트집을 잡을까' 를 노리
는 중일 겁니다. 2012년은 크게 움직일
가능성이 있습니다. 일본의 민주당 정권
은 또 당황해서 어찌할 바를 몰라 판단하
지 못할 겁니다. 그리고 '패트리어트 미
사일의 전국적인 배치를 중지해서 방위
비를 많이 깎고 싶지만 역시 필요했다' 는
식으로 소동을 피우겠지요.

사   회 : 일본의 해상 자위대 주위에서도 배가 침
몰당할 가능성이 있습니다.

오오카와 류우호오 : 그런 일이 일어날지도 모르겠네요. 그렇

게 해서 북한 국내에서는 누가 했는지 알지만 외국에는 '증거가 없다' 고 하겠죠. '무인 어뢰' 나 '무인 미사일' 을 쏘면 되겠지만(웃음), '북한' 이라고 쓰지 않고 쏴야 할 겁니다. 어쨌든 '북한이 2012년에는 움직일 것이다' 로 봤습니다.

사   회: 네.

오오카와 류우호오: 그럼 이상으로 마치겠습니다.

일   동: 감사합니다.

북한의 종말이
시작되었다

　적어도 최근 몇 년 동안 국제 정세에 관한 내 판단은 빗나간 적이 없다. 그 배경에는 영적 리딩 조사도 있지만, 내 노력으로 이 지구가 미래로 가는 과정을 제시하려고 하는 것도 사실이다.

　북한의 비극은 어떻게 해서든 끝내야 한다. 2012년이 그 '종말의 시작'이 될 것이다. 차기 지도자 김정은의 장래는 좋아봤자 다케다 신켄의 뒤를 이은 다케다 가츠요리와 같은 최후일 것이다. 만용(蠻勇)이 실패하여 멸망으로 가는 길을 재촉하지 않을까. 나쁘면 이탈리아 파시즘 체제의 최후, 독재자 무솔리니처럼 민중이 던진 돌을 맞으면서 나무에 로프로 매달리게 되지는 않을까.

　김정은이여, 부친을 살해한 혐의가 있는 독재자에게 미래는 없다. 당신이 예전에 도쿄 디즈니랜드와 아키하바라에서 본 일본이 한반도의 미래가 될 수 있도록 권력욕을 버리도록 하라. 민중을 해방시켜라.

2011년 12월 27일
행복실현당 창립자 겸 당 명예총재
오오카와 류우호오

오오카와 류우호오의

《북한 – 종말의 시작》 관련 저서

《김정일 수호령의 영언》(행복의 고학 출판 간행)

《원자바오 수호령이 말하는 대중화제국의 야망》(행복실현당 간행)

《세계 황제를 노리는 남자》(행복실현당 간행)

북한-종말의 시작
영적 진실의 충격

2012년 7월 5일 제1판 1쇄 발행

지은이/오오카와 류우호오
옮긴이/박재영
펴낸이/강선희
펴낸곳/가림출판사

등록/1992. 10. 6. 제4-191호
주소/서울시 광진구 중곡2동 161-27 경남빌딩 5층
대표전화/458-6451   팩스/458-6450
홈페이지/ www.galim.co.kr
전자우편/galim@galim.co.kr

값 8,000원

ⓒ 오오카와 류우호오, 2012

저자와의 협의하에 인지를 생략합니다.

불법복사는 지적재산을 훔치는 범죄행위입니다.
저작권법 제97조의 5(권리의 침해죄)에 따라 위반자는 5년 이하의 징역
또는 5천만 원 이하의 벌금에 처하거나 이를 병과할 수 있습니다.

ISBN 978-89-7895-367-2 03340
ISBN 978-89-7895-365-8 04340(세트)

가림출판사 · 가림M&B · 가림Let's의 홈페이지(http://www.galim.co.kr)에 들
어오시면 가림출판사 · 가림M&B · 가림Let's의 신간도서 및 출간 예정 도서
를 포함한 모든 책들을 만나실 수 있습니다.
온라인 서점을 통하여 직접 도서 구입도 하실 수 있으며 가림 홈페이지 내에
서전국 대형 서점들의 사이트에 링크하시어 종합 신간 안내 및 각종 도서 정
보, 책과 관련된 문화 정보를 받아보실 수 있습니다.
또한 홈페이지 방문시 회원으로 가입하시면 신간 안내 자료를 보내드립니다.